공자曰, 공자는 이렇게 말했다

연구총서 37

공자曰, 공자는 이렇게 말했다
Thus Spoke Confucius


지은이    안재호
펴낸이    오정혜
펴낸곳    예문서원

편  집    유미희
인  쇄    주) 상지사 P&B
제  책    주) 상지사 P&B

초판 1쇄    2010년 11월 20일

주    소    서울시 성북구 안암동 4가 41-10 건양빌딩 4층
출판등록    1993. 1. 7 제6-0130호
전화번호    925-5914 / 팩시밀리    929-2285
Homepage    http://www.yemoon.com
E-mail    yemoonsw@empas.com

ISBN 978-89-7646-263-3    03150

YEMOONSEOWON #4 Gun-yang B.D 41-10 Anamdong 4-Ga, Seongbuk-Gu Seoul KOREA 136-074
Tel) 02-925-5914 Fax) 02-929-2285


값 12,000원

연구총서 37

# 공자曰, 공자는 이렇게 말했다

안재호 지음

예문서원

◀ 孔子行敎圖(淸)

趙孟頫의 공자상(三聖圖 중) ▶

이 작은 책을 쓸 수 있게 될 때까지, 나는 참 많은 도움을 받으며 살아왔다.

우선 세 분 선생님께 감사드린다. 대만대학 철학연구소에서 중국철학 전반에 관해 세심하게 안내해 주신 장영준張永儁 선생님! 북경대학에서 원전 장악 능력을 제고시켜 주시고 철학뿐만 아니라 사회과학에까지 시야를 넓혀 주셨으며, 박사학위를 획득하게 해 주신 진래陳來 선생님! 그리고 가장 기본적이지만 또한 가장 중요한 철학 작업이 무엇인지 학부시절부터 지금까지 모든 열과 성을 다해 알려 주시고 인도해 주시는 중앙대학의 이명한李明漢 선생님! 이 책자에 무엇인가 의미나 가치가 있다면, 그것은 모든 선생님, 그중에서도 특히 이명한 선생님의 가르침 덕분일 것이다.

나는 사업에 대해 알지 못하지만, 출판도 사업인지라 분명 수익이 있어야 할 텐데…… 동양철학 전문출판이라는 타이틀을 달고 우리 같은 이들의 힘겨운 작업을 세상에 알려주는 예문서원! 참으로 감사하다. 이 책이 최소한 사업에 누가 되지 않기를 기원한다.

마지막으로 사랑하는 나의 가족! 이 책이 그네들과 직접적인 관련이 있다고 하긴 어렵겠지만, 그네들이 없었다면 그네들의 가슴 저미는 인내와 지지가 없었다면, 이 책이 아니라 내가 없었을 것이다. 사랑한다.

이 책을 나의 아내 최지아에게 바친다.

2010년 11월
發蘊堂에서
안재호 謹記

講學圖(明) ◀

◀ 聖迹圖(清) ▶

## 【차례】

## 일러두기

一. 이 책은 비록 공자철학 전체의 핵심을 설명하지만, 자료는 『논어』에서만 추출했다. 그 이유는, 나의 오류일 수도 있겠지만, 기타 자료들을 신뢰하지 못하기 때문이다. 『예기』나 『역전』 등에 나타나는 공자의 주장에 대해 나는 일단 판단을 유보한다. 또한, 『논어』에 등장하더라도 제자들의 주장은 배제했다. 그것도 공자철학을 왜곡할 수 있기 때문이다. 이 책의 내용은 오직 『논어』에 소개된 공자의 주장에만 근거했다.

二. 인용한 공자의 주장은 원의를 해치지 않는 범위에서 최대한 구어체로 의역했고, 양백준의 『논어역주』의 장절에 따라 분류하여 표기했다.

三. 인용한 문장의 원문은 각 장의 말미에 미주로 처리했다. 원래는 원문을 싣지 않을 생각이었다. 번역에 자신이 있었기 때문이라기보다는 한문에 대한 압박으로부터 독자들을 해방시켜 주기 위해서였다. 그러나 다른 한편, 학적 작업에 근거가 제시되지 않는다는 오해가 생길 수도 있다는 생각에서 타협안으로 미주를 채택하게 되었다. 독자들의 양해를 구한다.

# 들어가는 말

一.

나는 이 책이 많은 사람들에게 널리 읽히기를 소망한다. 책이 많이 팔려 인세를 잔뜩 벌거나 또는 약간의 명예를 얻는 것, 물론 그럴 수 있다면 좋겠지만 그것보다는 우리가 그리고 우리 사회가 품격을 갖추었으면 하는 바람 때문이다.

고故노무현 전前대통령은 이른바 '386'으로 불렸던 우리 세대에게는 큰 상징성을 갖고 있던 인물이다. 나는 비록 PD나 NL 같은 '운동권'은 아니었지만, 시위와 최루탄에 익숙한 일원 중의 하나이다. 내가 생각하기에 노 전 대통령의 자진自盡(fact만 표현한 것이다)은 두 가지 의미를 갖는다. 첫째, 개인 노무현의 입장에서 그의 자진은 자신의 신조와 도덕성을 추락시키지 않으려던 행위이다. 많이 거칠게 표현하자면, 사내대장부가 자기 뜻대로 멋지게 한평생 살다가 또 그렇게 멋지게 가 버린 것이다. 그러나 또 다른 측면에서 보자면, 대한민국과 그 인민들의 입장에서 보자면, 참으로 안타깝지만 그가 의도하지 않았을 결과도 나타나게 되었다. 그것은 바로 우리 대한민국과 인민들의 품격이 추락했다는 사실이다. 도대체 대한민국의 정치 수준이, 사회문화 수준이, 인민들의 전반적인 수준이 어떻기에 5년 동안 국가를 이끌고 대표했던 전 대통령이 자진이라는 참혹한 결말을 맺는다는 말인가? 꼼수를 썼을지도 모르는 정적들과 상관없이, 그는 대한민국의 국격國格과 우리 인민들의 품격을 지키기 위해서라도 자진하지 말고 끝까지 버텨내야 했던 것이다.

품격은 말할 수 없이 중요하다. 인간을 특징짓는 요소가 여러 가지라면, 품격은 분명 가장 앞자리를 차지할 것이다. 이 책에서 살펴볼 공구의 이야기들은 바로 우리에게 품격이 무엇인지 상세히 알려 줄 것이다. 나는 그래서 이 책을 썼다.

기실, 이 책을 쓰게 된 동기는 매우 자조적自嘲的인 질문에서 비롯되었다. "도대체 과학이 이렇게나 발전된 현대사회에서 종교도 아니고 그렇다고 과학철학도 아닌 동양철학이 아직도 우리에게 무엇을 선물할 수 있단 말인가?" 흔히 이렇게 말하곤 한다. "동양철학도 우리의 전통을 알게 하고 인문적

소양을 길러 주며…… " 이런 대답이 도대체 누구를 만족시킬 수 있겠는가? 어려운 개념은 어렵게 공부한 전공자들만 이해하면 되는 것인가? 일반 교양인들이 받아들이기 참으로 어려운 답변이 아닐 수 없다.

　비교해서 말해 보면, 요즘 과학계는 정말 다양한 분야에서 다양한 방식으로 일반 교양인들에게 친절히 설명하고 안내하는 저서들을 내놓고 있다. 물론 아직 충분히 친절하지 못한 것들도 있고 무리하게 자신의 주장을 확장하는 모습도 보이지만, 어쨌든 그런 작업은 매우 중요하다고 아니할 수 없다. 왜냐하면 바로 그런 저서들에서 설명한 과학적 지식들이 이 세계와 사회, 그리고 인간 개개인까지 이해하는 '신념체계'(앎이란 기실 그렇게 믿는 것이다)를 이루는 바탕이 되기 때문이다. 나도 크게 염려하는 문제 중의 하나는, 과학이 담당할 수 없는 부분에 대해서도 월권을 행한다는 데 있다. 예를 들어 가치나 윤리에 관한 문제는 과학에서 다룰 수 없는 것이다. 그런 문제는 과학의 대상이 될 수 없으며, 오히려 과학을 지도할 수 있는 지침과도 같다. 그런 가치나 윤리에 관해 서양에서는 종교가, 동양에서는 철학이 주요 영역으로 다루어 왔다. 그렇기 때문에 철학, 특히 동양철학도徒들도 분발 매진하여 능력껏

교양서들을 저술해야 한다. 공부를 시작할 때 지녔던 거창한 이상과 포부가 점차 줄어들어 결국 개인적 만족이 되지 않도록 하기 위해서라도 반드시 최선을 다해 저술해야 한다. 그래서 난 이 책을 썼다.

그러나 아무리 교양서라고 해도 엉터리로 소개한다면 그 것은 오히려 '영양'이 아니라 '독소'가 될 것이다. 얼마 전 우리나라에서도 번역되었던 위단(于丹)의 『논어심득論語心得』에서는 "『논어』에서 말하는 핵심은 바로 어떻게 하면 마음의 행복을 꾸준히 영위해 나갈 수 있을까 하는 것뿐이다. 『논어』는 우리들에게 각박한 현대사회 속에서 마음의 즐거움을 얻는 방법, 일상생활의 틀에 적응하는 방법 및 각 개인의 삶의 좌표를 찾는 방법 등을 가르쳐 준다"*고 말하고 있다. 이런 설명은 기형적으로 발전하는 경제 때문에 골머리를 앓고 있는 중국정부에서 열렬히 환영할 만한 해석이 아닐 수 없다. 국가가 어지럽게 만든 머리를 『논어』를 읽으며 식히면 되니까. 위단과 같은 문필가들이 나름의 시각으로 해석하는 것도 의미를 가질 수는 있을 것이다. 그러나 어떻게 '마음의 행복'

* 위단, 『위단의 논어심득』(임동석 역, 에버리치 홀딩스, 2007), 17~18쪽.

'즐거움' '일상생활의 틀에 적응하는 방법' 등등이 '『논어』에서 말하는 핵심'이 될 수 있는가? 공구의 큰 이상은 도대체 어디로 사라졌으며, 유학은 종교적 수양에 불과하다는 말인가? 뭘 알고 까불어야지…… 이런 경우는 위의 중국 여자뿐만 아니라, 국내의 유명한 분들도 해당한다. 예를 들어, 사회적으로 많은 주목과 존경을 얻고 있는 신영복 선생은 『강의, 나의 동양고전독법』**에서 『논어』를 '사회경제사적 시제時制'에서 하나의 '인간관계론'으로 보고 있다. 맞다. 인간관계론이 유학에서 차지하는 비중이 적지 않은 것은 사실이다. 그러나 그것은 표피적인 부분일 뿐이다. 핵심은, 모든 유학이론의 토대는 '도덕주체성의 확립' 즉 '인'의 정립에 있다. 이 부분이 온전히 설명되고 표현되지 않는다면, 아무리 좋은 해석을 내놓는다 해도 의미를 가질 수 없다. 그것은 한마디로 본말의 전도일 뿐만 아니라 나아가 심각할 경우 아전인수식의 왜곡이 되어버릴 수도 있다. 나는 그래서 이 책을 썼다.

한 십여 년 전에는 또 『공자가 죽어야 나라가 산다』라고 외친 중문과 교수님이 계셨고, 그에 대한 반응으로 『공자가

---

** 신영복, 『강의, 나의 동양고전독법』(돌베개, 2004).

살아야 나라가 산다』라고 악을 쓰던 성균관의 교수님도 계셨다. 훌륭한 분들이건만 어째서 그런 말씀들을 하셨는지…….

참으로 유치하기 짝이 없는 노릇 아닌가? 대한민국의 모든 병폐가 다 공자 책임이거나 혹은 대한민국의 모든 장점이 전부 공자로부터 생산될 수 있다? 이것은 말도 아니다. 도대체가 학습과 연구를 가슴으로만 한 것이지 않은가? 대한민국이 그렇게나 단순하고 한심하단 말인가? 절대 그렇지 않다.

나는 결코 선진국이라고 말할 수 없는 대만과 중국에서 유학생활을 했다. 당시에 많은 한국 유학생들은 '중국인들은 위생관념이 떨어진다', '공중도덕도 전혀 신경 쓰지 않는다' 등등 불평과 푸념을 늘어놓곤 했다. 그랬다. 지금은 그렇지 않다고 하던데, 1990년대 초중반까지만 해도 정말 그랬다. 그럴 때면 의식 있는 선배들이 "야, 너희들은 도대체 왜 이곳에 왔냐? 뭘 배우러 왔으면 좋은 면을 찾아내서 그것을 배워야지, 나쁜 점만 지적하면서 불평하면 도대체 네게 무슨 도움이 되는데?"라는 식의 충고를 했었던 기억이 난다. 여러분은 어떻게 생각하시는가? 나는 선배들의 말이 옳다고 생각한다. 이와 마찬가지로, 공구의 모든 생각이 전부 옳다고 말할 수는 없다. 그의 후학들도 당연히 한계를 노정한다. 그러나 그렇다고 해서 전부 버릴 것인가? 무지막지하게 훌륭한 말씀도 있는데? 그러므로 우리가 선택할 수 있는 길은 하나이다. 공구의 이론을 잘 선별해서 훌륭한 것들은 우리의 피와 살이 되게 하고, 쓸데없는 소리들은 쓰레기통에 던져 버리는 것이다. 모든 고전을 대하는 태도, 역사를 통해서 우리가 무엇인가 교훈을 얻을 수 있는 방법은 이것밖에 없다. 만약 위에서 언급한 분들처럼 '모 아니면 도'를 외친다면, 학문은 해서 무엇 하겠는가? 그래서 나는 이 책을 썼다.

二.

왜 고전古典은, 특히 동양의 옛 경전經典들은 어려운가? '공자왈' '맹자왈'은 정말 그렇게 고리타분한 이야기인가? 우리는 도대체 그것이 무엇인지 맛이라도 보았는가? 아니, 고리타분하다는 선입견이 너무 강하기 때문에 거의, 아니 아예 들여다본 적이 없는 경우도 허다하다.

대한민국은 민주공화국으로 종교의 자유가 있지만, 암묵적으로는 기독교의 나라인 것 같기도 하다. 오죽했으면 어떤 서양 스님은 우리나라에 처음 왔을 때 비행기 창밖으로 보이는 수많은 십자가들을 보면서 필리핀으로 잘못 온 줄 알았다나 뭐라나!

기독교의 나라! 그 명칭의 의미와 가치를 따질 경우, 결코 나쁠 수가 없다. 모든 세계적 종교가 그렇지만, 특히 서양의 전통을 고스란히 간직하고 있는 기독교는 세속의 윤리도덕을 강조한다. 서양의 학술 문화적 전통에서 다른 어떤 분야도 윤리도덕을 설명하고 강조하지 않는다. 서양의 학문전통에서는, 윤리학을 다루는 철학이라 하더라도, 윤리도덕의 덕목을 직접 다루는 것이 아니라 그것의 형식만을 연구한다. 즉, '어떻게 해야' 그리고 '어째서' 선한 일을 해야 하는지 고민하기도 하지만, '선이란 무엇인가?' '선한 행위를 이루는 조건은 무엇인가?' 등등을 이론적으로 탐구하는 데 더욱 치중했다. 그 이유는 바로 기독교에 있다. 서양문화의 전통에서 윤리도덕의 내용, 즉 규범과 그것이 필요한 이유 등에 관해서는 기독교라는 종교에 의해 이야기되고 강조된다.

나는 기독교도들이 흔히 말하듯 모태신앙을 통해 교회에 가게 되었다. 독실한 천주교 신자이신 부모님께서 이른바 '유아영세'라는 종교적 행사를 통해 나를, 내 의지와 상관없이 천주님께 바치셨다. 그 이후 일요일이면 아무 생각 없이 교회에 가서 지겨운 한 시간을 보내야만 홀가분한 마음을 가질 수 있었다. 물론 머리가 크고 나서는 그나마 성당에 나가지도 않았다. 그러나 지금은 다시 일요일이면 성당에 간다. 첫 번째 이유는 아이들 때문이다. 부모님께서 그렇게 간절히 원하시는데, 그것을 내 자식이 보고 잘 알고 있는데, 더구나 나쁜 일도 아닌데, 거역할 수 없었다. 두 번째 이유는 성경의 말씀과 그에 대한 신부님의 강론이 대부분 훌륭하기 때문이다. 아직도 신앙을 남 앞에서 고백하기 어렵기 때문에, 솔직히 말하자면 믿음이 없기 때문에, 예수가 성자聖子이며 삼위일체三位一體가 진리라고 생각하지 못하지만, 예수와 같은 삶이 얼마나 숭고한지 그리고 충실하게 그를 따르며 도덕적 반성의 계기를 마련해 주는 사제들의 충고가 얼마나 갸륵한 것인지 잘 알고 있다.

내 나이 벌써 사십을 훌쩍 넘어 오십이 코앞이다. 추측컨대, 아마 내 또래 이하는 모두 적어도 나와 비슷한 정도로 기독교에 관한 정보를 가지고 있을 것이다. 그런데 우리 한번 생각해 보자! 기독교가, 가톨릭(구교, 천주교)이든 프로테스탄트(신교, 기독교)이든, 우리나라에 전교된 것은 길게 보아도 200여

년이다. 반면에, 우리가 흔히 성리학이라 부르는 유학사상이 우리의 사상과 생활에 영향을 끼친 것은 적게 잡아도 600여 년이다. 하지만 그렇게 역사가 길고 우리에게 훨씬 많은 영향을 끼쳤으며 아직까지 끼치고 있는 것에 대해 우리는 지금 아무 것도 모른다. 우리는 고등학교에서 오직 입시를 위해 공자의 인仁이니, 맹자의 성선性善, 순자의 성악性惡 등을 위시해서 퇴계 이황의 '사단칠정론四端七情論', 율곡 이이의 '기발리승일도설氣發理乘一途說' 등을 '들입다' 외웠다. 그게 뭔 말인지 생각하고 싶지도 않았을 것이다!

기실 우리가 모두 유학의 일파로 이해하고 있지만, 선진先秦의 오리지널 근본 유학과 한漢나라 동중서董仲舒 이후의 유학이 얼마나 다른지 반드시 구분해야 한다. 동중서란 인물은 유학사에서 그지없이 중요한 인물이다. 그전까지는 '제자백가諸子百家'라고 불린 여러 학파 가운데 하나였을 뿐인 유학을 중국을 위시한 전 동아시아의 이데올로기로 만든 인물이 바로 그이기 때문이다. 그는 현량대책賢良對策(황제가 우수한 학자에게 우주와 인간사회의 원리, 국가의 비전 등에 관한 견해를 듣는 행위)이라는 일종의 정책 면접을 통해 당시 중국의 황제였던 무제武帝

에게 오직 유학만을 숭상해야 한다고 주장했고, 무제가 그것을 받아들임으로 해서 유학의 정치적 발자취가 찍히기 시작했다.

권력자들, 정치를 한다는 사람들의 속성이 어떤가? 반드시 정치적 손익을 계산한다. 그렇다면 무제는 동중서로부터 어떤 이익을 보장 받았을까? 그것은 먼저 한나라의 정통성이다. 한나라는 진秦나라가 기울기 시작할 때, 유방劉邦이 항우項羽의 초楚나라를 깨부수고 세운 나라이다. 항우는 대단한 귀족 출신이었지만, 유방은 그 직위가 좋게 말해서 파출소 소장 정도였을 뿐이다. 그런 사람과 그 사람이 세운 나라에 어떤 정통성을 말할 수 있었을까? 단지 무력이 더 뛰어났을 뿐 아닌가? 그런데 동중서는 『춘추공양전春秋公羊傳』에 근거했다면서 '삼정삼통론三正三統論'을 주장했다. 그것은 간단하게 말해서, 유방의 한나라가 하은주夏殷周로 이어지던 중국의 정통성을 이어받았다는 것이다.

두 번째로는 바로 권력의 안정이었다. 우리는 흔히 '삼강오륜三綱五倫'이라고 말한다. 그런데 이 개념은 결코 함께 사용해서는 안 되는 것이다. 오리지널 유학에는 오직 '오륜'만 존재하지, '삼강'이란 없다. '삼강'이란 바로 동중서가 무제에게 바친 정치적 선물이다. '오륜'과 '삼강'에 대해 잠시만 살펴보자. '오륜'은 말 그대로 다섯 가지 질서이다. 그 첫 번째이자 대표는 바로 인류사회에서 가장 가까운 관계에 대해 말하고 있다. '부자유친父子有親'. 해석하면, '부모와 자식에게는 친근함이 있어야 한다'는 말이다. 친근함이 있기 위해서는 부모의 자애와 자식의 효성이 필요하다. 나머지 넷도 모두 쌍방에 대해 각자 역할에 따르는 덕목을 강조하고 있다. 이런 내용만 담고 있는 것이 '오륜'이다. 결코 어느 일방의 의무만을 강요하지 않는다. 윤리란 쌍방 모두에게 덕목을 요구하는 것이다. 그런데 '삼강'은 결코 그렇지 않다. 셋 중에서 가장 먼저 이야기되는 것도 부모자식 간의 관계에 관한 것이 아니라 정치적 의미를 지닌 것이다. '군위신강君爲臣綱'. 해석하면, '임금은 신하의 벼리이다.' 벼리라는 것은 중심이요 기준이다. 따라서 임금을 중심으로 삼아 믿고 따라야 하는 것이 신하와 인민들의 의무라는 것이다. 여기에서는 쌍방의 덕목이 더 이상 요구되지 않는다. 오직 아랫사람의 의무, 즉 충성만이 강요될 뿐이다. 나머지 둘도 자식의 의무, 부인의 의무만이 강조된다.

동중서에 의해 주창된 이것이 바로 '유교'라고 불리는 정치 이데올로기이다. 그것은 결코 '유학' 혹은 '유가사상'이라

불리는 선진의 근본 유학과 동일한 것이 아니다. 그것이 얼마나 훌륭하고 뛰어난 사상이었는지 상관없이, 중국 송명시대의 주자학이든 양명학이든 혹은 우리 조선의 위대한 퇴계학이든 율곡학이든 한나라 이후의 모든 유학은 불행하게도 더 이상 순수한 유학이 아니라 동중서에 의해 더럽혀진 유교이다. 그래서 우리는 근원으로 돌아가 공자 맹자 등의 이야기를 다시 살펴야 하는 것이다.

우리 뇌리 속에 공자나 맹자는 도대체 어떤 인물인가? 예수님의 말씀이라면 한두 마디 아는 것이 생각나는데, 예를 들어 '원수를 사랑하라', '왼뺨을 때리면 오른뺨도 내주어라' 등등. 그렇다면 공자나 맹자는 무슨 말을 했나? 뭔 말을 했겠어! 보나마나 고리타분한 말씀이겠지! '공자왈' '맹자왈'은 딱 두 가지 의미로 이해되지 않는가? 지금은 힘을 잃은 전통의 맥 빠진 소리, 아니면 세상살이에 전혀 도움이 되지 않는 '도덕적 훈계', 이 둘일 뿐이다. 정말 그럴까?

우리 한번 들어나 보자!

어떤 것을 배워서 제때에 그것을 실습하면 기쁘지 않은가? 뜻을 같이 하는 벗이 먼 곳에서 찾아오면 즐겁지 않은가? 다른 사람이 자신을 알아주지 않아도 원망하지 않으면 성품이 훌륭한 사람 아닌가?[1]

이것이 바로 우리가 공자라고 알고 있는 공구孔丘의 어록語錄, 즉 이야기 모음인 『논어』에서 가장 먼저 등장하는 유명한(?) 그의 말이다.

우리는 공구를 공자라고 부르는 이유를 알지도 못하면서 그냥 그렇게 불러왔기 때문에 지금까지 그렇게 부르고 있다. 공자의 이름은 '구'로, 중국어 발음으로는 'qiu'(丘)이다. 전해지는 말에 의하면, 공자는 이마가 툭 튀어나온 짱구였다. 그래서 언덕이라는 뜻을 나타내는 '구'라는 이름을 갖게 되었다. 어깨를 슬쩍 끌어올리고 허리를 살짝 숙여서 조금은 구부정한 채 두 손을 공손히 맞잡고 있는 그림 속의 '성인聖人'이 사실은 짱구였다. 공구는 그냥 우리와 같은 사람이었다. '성인'이라고 불리는 인물은 무슨 신선처럼 학을 타고 다니면서 이슬만 마시며 살 수 있는 사람이 아니다. 그는 우리와 다른 별세계의 인물이 아니라, 우리와 똑같이 구체적인 현실 속에서 열심히 살다 죽은 사람일 뿐이다. 다만, 한나라 때부터 순전

吳道子의 공자상 ▶

히 정치적인 목적 때문에 공구를 신성시하기 시작했을 뿐이다. 사실, 고대 중국어에서 어떤 인물의 성姓 뒤에 자子라는 글자를 붙이면 선생님이라는 뜻이 된다. 그러니까 공자는 공씨 성을 가진 선생님일 뿐이었다. 그는 결코 근엄한 자태로 우리를 내려다보면서 도덕적 훈계만 일삼는 그런 할아버지가 아니다.

위에서 인용한 공구의 말을 다시 한 번 살펴보자. 세 가지 이야기를 하고 있지만, 어느 하나 어렵고 힘겨운 말이 없다. 요즘 우리가 쓰는 현대적인 말투로 좀 더 바꾸면 이렇게 이야기할 수 있을 것이다.

배운 것을 제때에 잘 써먹으면 기분 좋을 것이다. 뜻을 같이하여 마음이 잘 통하는 친구가 나를 만나고자 먼 곳에서 찾아온다면 행복할 것이다. 다른 사람의 평가에 신경 쓰지 않고 묵묵히 자신의 역할을 수행하는 사람은 주변에서 인정받을 것이다.

이런 이야기는 누구나 금방 이해할 수 있을 만큼 너무도 당연하다. 바로 그렇다! 공구가 우리에게 전하는 이야기는 이처럼 너무도 당연한 것이다. 다만, 우리가 생각해 보지 않았을 뿐이다. 이제 그 당연한 이야기들을 살펴보자. 그리고 우리도 한번 생각해 보자.

나는 결코 유학의 전도사가 아니다. 물론 사십대가 기울기 시작한 지금까지 유학을 학습하고, 또 한때는 진정한 유학자라는 것도 되고 싶었지만, 그것이 사실은 특별한 것이 아니라는 생각에 이르기까지 했다. 그런데도 21세기에 '공자왈' '맹자왈'을 이야기하려는 이유는 의외로 간단하고 단순하다. 하나의 믿음 때문이다. 즉, 전체 인류의 역사를 살펴볼 때, 문화의 다양성이 인정되고 발휘되었을 때가 바로 인류의 발전기였다. 따라서 우리는 문화의 다양성 혹은 문화의 다원주의를 주장하고 유지하도록 노력해야 한다. 공구 등이 주창한 유학도 인생의 목표를 제시하고, 그 목표를 달성할 수 있는 방법을 나름의 논리를 가지고 우리에게 보여 준다. 그것은 우리가 인생을 살아가면서 선택할 수 있는 여러 선택지 중의 하나일 수 있다. 우리의 세상이 적어도 자유민주주의를 지향한다면, 정치적으로도 어느 하나의 믿음만을 강요할 수는 없다.

▼▼

1▶ 「學而」 1, "子曰: 學而時習之, 不亦說乎? 有朋自遠方來, 不亦樂乎? 人不知而不慍, 不亦君子乎?"

# 인생목표: 이상적인 사람 되어
# 인민이 살기 좋은 세상 만들기(內聖外王)

공구의 제자 중에서 나이도 제일 많고 또한 오랜 시간 그를 따랐던, 무장 기질이 강했던 계로季路(자로)가 하루는 귀신에 대해 물었다. 그러자 공구는 "아직 사람도 제대로 섬기지 못하는데 어떻게 귀신을 섬기겠는가!"라고 말했다. 다시 계로가 죽음에 대해 묻자, "미처 삶도 모르는데 어떻게 죽음을 알겠는가!"[1]라고 대답했다.

어쩌면 공구가 정말로 귀신이나 죽음에 대해 전혀 몰랐을 수도 있다. 그러나 그렇지 않고 그가 그것들에 대해 무언가를 알고 있었다 하더라도 크게 달라질 것은 없었을 것이다.

왜냐? 그의 대답에서 쉽게 알 수 있듯이, 그는 죽음이나 귀신 등에 대해 별로 관심을 가지지 않았기 때문이다. 뒤집어 말하자면, 공구는 현실세계에만 관심을 가졌던 것이다. 태어나기 이전이나 죽음 이후에 관해서, 나아가 우주의 기원이나 종말에 관해서도 공구는 전혀 관심을 가지지 않았다. 불교와 도교의 영향을 받지 않은 오리지널 근본 유학자들은 현실만이 문제의 중심이었다. 그들의 목표는, 천박하게 표현하자면, 일차적으로 '잘 먹고 잘 사는' 것이었고(물론 어떤 생활이 잘 먹고 잘 사는 것인지는 별도로 이야기해야 하겠지만), 그것도 '살아생전에' 그럴 수 있는 것이 목표였다. 현대 중국인들의 생활과 사상을 살펴보아도 여전히 이런 경향이 농후함을 쉽게 볼 수 있다. 이 사실을 꼭 기억하고 다음 이야기로 넘어가자.

## 인생역정

공구가 자신의 인생을 돌아보며 한 유명한 이야기를 다들 들어 보았을 것이다.

나는 열다섯 살 때 배움에 뜻을 두었고 서른 살 때 (스스로) 섰으며, 마흔 살 때 미혹되지 않았고 쉰 살 때 천명을 알았으며,

예순이 되어서는 귀에 거슬리지 않았고 일흔이 되어서는 마음
이 원하는 대로 하여도 규범을 뛰어넘지 않았다.[2]

우리는 위에 적힌 공구의 말을 자주 인용한다. 특히 마흔
살 때의 '불혹不惑'을 이야기하며, 자신은 혹은 누구는 왜 이러
하냐고 한탄을 하거나 탓하기도 한다. 하지만 생각해 보라.
공구가 누구인가? 바로 공자님(?)이다. 다시 말해서, 2500년 동
안 성인이라고 불린 사람이다. 우리는? 그냥 평범한 사람이
다. 성인과 평범한 사람, 역시 무엇인가 다르다. 우선 호칭부
터 다르지 않은가? 하하. 농은 이쯤하고, 위에서 인용한 공구
의 이야기를 다시 한 번 생각해 보도록 하자.

나는 청소년 시절에 학문에 뜻을 두었고 성인이 되어서는 인격
적으로 독립했으며, 마흔에는 판단을 함에 있어 흔들리지 않았
고 쉰에는 세상의 이치를 깨달았으며, 예순에는 다른 이들의
말을 곧바로 이해할 수 있었고 일흔에는 마침내 내 스스로 세상
이치와 하나가 되어 행위에 어떤 어그러짐도 없었다.

이런 경지가 누구나 나이만 먹으면 가능하다고 생각할 수
있는가? 턱도 없다. 나름 동양학을 전공한 철학박사라는 나부

터도 아니다. 하나의 확실한 목표를 정해 놓고 그것을 이루기 위해 치열하게 살아간 사람──공구 같은 사람만이 이런 경지에 오를 수 있다. 자기가 하고 싶은 대로 하는 데도 어떤 잘못이 없는 경지는 평범한 사람에게는 불가능하고 오직 도덕적으로 거의 완벽에 가까운 사람만이 이룰 수 있는 것이다. 이런 도덕적 완벽은 곧 자유의 경지를 의미하며(자기 마음대로 해도 괜찮으니까!), 그 자유를 얻기 위해서는 '치열하게 살아가는', 전문적인 용어로 '공부工夫'가 필요하다.

## 성인: 그의 자유와 공부

'공부'란 한때 우리가 이소룡의 무술영화 속에서 볼 수 있었던 '쿵후', 일반적으로 학교에서 하는 '공부', 그리고 산속에 들어가 '도를 닦는 것' 등 그 모두를 포함한다. 다시 말해서, 무엇인가를 이루기 위해 인위적인 노력을 하는 것, 그 모든 것이 전부 '공부'에 속한다. 그러나 공구와 같은 자유의 경지에 이르기 위해서는 주로 도덕적 수양을 공부로 한다. 도덕적 수양이란 무엇인가? 학교에서 강의를 하면서 이 이야기를 할 때면, 언제나 내가 먼저 닭살이 일어나게 되는(물론 감동적이어

서) 공구의 다음과 같은 말에서 도덕 수양의 대강을 살펴볼
수 있다.

하늘을 원망하지 말고 사람을 탓하지 말며, 아래에서 배워 위에
도달하니 나를 아는 이 하늘이로고![0]

이 이야기는 사실 공구가 자신을 알아주는 이가 없음을
한탄하며 말한 것이다. 그러나 그가 평소에 어떻게 살았는지
를 잘 보여 주는 명언이 아닐 수 없다. 좀 더 의역하면 이렇게
된다.

자신에게 주어진 운명을 원망하지 않고 책임이나 결과를 다른
사람의 탓으로 돌리지 않으며, 구체적 현실 속에서 이치를 터득
하여 결국에는 전 우주에 두루 통하는 원리를 깨달으니 인격신
과 같은 하늘이 있다면 그가 나를 알아줄 것이다.

아! 또 소름이 돋는다. 우리 자신을 생각해 보자. 누구나
한 번쯤 '나는 왜 좀 더 좋은 환경에서 태어나지 못했을까!'
혹은 '전부 그 녀석 탓이야!' 등등의 생각, 하다못해 속으로라
도 이런 생각을 해 보았을 것이다. 설마 나만 혼자 이런 경험

이 있으려고? 결코, 네버! 자, 그렇다면 공구의 이 말은 어떤 의미를 갖는지 생각해 보자.

운명과 남 탓을 안 한다는 것은 모든 일을 자기 스스로 책임진다는 것으로, 좀 어려운 말로 하면 '주체성을 확립한다' 는 뜻이다. 주체성이란 무엇인가? 말 그대로 줏대를 갖고 자신을 확실하게 정립한다는 의미이다. 풀어서 말해 보자. 사람에게는 도저히 자신의 힘으로 어찌할 수 없는 부분이 있다. 바로 운명이다. 나는 대한민국 경기도 수원에서 1964년에 '상자 운자를 쓰시는 아버님'과 '최씨 성을 가진 어머님'의 장남으로 태어났다. 도대체 왜 그렇게 태어났을까? 그 까닭은 아무리 연구해도 알 수 없고, 싫다고 바꿀 수도 없는 사실이다. 이것은 우리가 주재主宰할 수 있는 측면이 아니다. 그리고 생명을 갖고 있는 모든 것은 태어나서 자라고, 그러다 늙고, 결국 죽는다. 이와 같이 객관적이고 물리적인 현상도 우리 인간이 어찌해 볼 수 있는 것이 아니다. 그래서 이런 측면에 있어 어떤 사람들은 종교에 의지하기도 하고, 또 어떤 사람들은 그것을 단지 하나의 자연스러운 과정으로 여기고 그것으로부터 초탈하려고, 즉 그런 것들에 얽매이지 않으려 한다. 공구는 후자의 경우에 속한다. 그가 귀신이나 죽음에 관심을 갖지 않았다는 것은 바로 '내가 어찌 해볼 수 없는 측면이기 때문에 쓸데없는 노력은 하지 않겠다'는 의미였다. 이것이 바로 초탈이다. 그러나 어느 것이 옳은지 혹은 더 나은지에 관해서 우리는 결정할 수 없다. 그것은 그야말로 선택의 문제이다. 제발 어느 한쪽을 강요하지 않는 자유롭고 평화로운 세상이 되길 바랄 뿐이다.

이야기가 옆으로 샜다. 다시 돌아오자. 주체성을 확립한다는 말은 '진정한 자아'를 찾는다는 말과 같다. 주체성이 확립되면 진정한 자아를 둘러싼 잡스런 것들이 사라지기 때문이다. 다시 말해서, 위에서 말한 운명이나 물리현상에 함몰되지 않고 객관적인 입장에서 자신을 살필 수 있기 때문에 '참된 나'를 발견한다는 것이다. 그러나 진정한 자아를 찾았다고 해서 곧바로 멋대로 할 수 있는, 즉 성인의 자유경지에 이를 수 있는 것은 아니다. 위에서 말한 것처럼 '공부'가 필요하다. 그래서 공구는 "구체적 현실 속에서 이치를 터득한다"고 말한 것이다.

"구체적 현실 속에서 이치를 터득한다." 이 말은 우선 '공부'를 위해서 산속으로 들어간다던지 자기 혼자만의 세계에 처박혀서 이상한 짓을 하지 않는다는 것을 나타낸다. 많은 사람이 성인하면 신선과 같은 이를 떠올리고, 신선을 학 타고 이슬 먹고 사는 존재로 생각하기도 한다. 그런 인간이 동서고금 어느 시대에 존재했었을까? 절대 없다. 그냥 우리처럼 차 타고 다니고(있다면) 밥 먹고 똥 싸고, 그렇게 살 뿐이다. 다만, 도덕적인 측면에서 완벽하여 자유를 구가하는 점만이 우리와 다를 뿐이다. 그런데 바로 이 점이 성인을 성인이게 한다. 다시 말해서, 도덕적 완벽을 통한 자유가 바로 성인의 핵심이라는 것이다. '도덕적 완벽'은 산속에서 혹은 자신만의 세계에서 이루어낼 수 없는 것이다. 그것은 오직 여러 도덕적 정황, 즉 사람들 간의 관계 안에서만 가능하다. 예를 들어, 나는 우리 부모님의 장남이고 내 부인의 남편이며, 내 자식들의 아버지이고 내 동생들의 형이다. 나는 이처럼 여러 관계 안에서의 역할이 있고, 그 역할에 따른 덕목이 있다. 이것들을 언제 어디서나 완벽하게 실현하는 것이 바로 '도덕적 완벽'이다. 맨 앞에서 공구가 귀신과 죽음에 대해 별 관심을 가지지 않았다고 했는데, 그 이유가 여기에서 다시 한 번 설명이 된다. 그리고 그것은 또한 엄청나게 힘겨운 일이다. 그래서 공구의 제자 중에서 가장 어리고 총명했던 증삼曾參(증자)조차 죽을 때가 되어서야 비로소 편안해졌다고 좋아했던 것이다.[4]

그런데 구체적인 현실 속에서 터득하는 이치는 결과적으로 도덕적인 것이지만, 결코 인간세계의 도덕적인 정황에만 국한되지 않는다. 그것은 나아가 우주 운행의 원리와 상통하게 된다. 정말 그런가? 확인할 수 없다. 그것은 일종의 철학적 신념이다. 공구와 그의 후학들, 그리고 거의 모든 유학자는 전부 그런 철학적 신념을 가지고 있었다. 이런 신념은 공구보다 훨씬 앞선 고대 중국의 지식인들부터(『詩經』이나 『春秋』와 같은 경전에 표현되어 있다) 시작되었다. 그들이 생각하기에 인간이라는 존재는 우주에서 가장 주요하고 훌륭한 요소들에 의해 구성되었고 그래서 또한 우주의 총체적인 원리가 인간에게 입력되었는데, 그렇게 입력된 원리가 인간의 잠재된 본성(潛在性, 즉 있긴 분명히 있어서 조건만 충족되면 나타나지만 물에 잠겨 있듯 현실적으로는 확연하게 드러나지 않는 본성)을 이루었으며 그 잠재된 본성을 언제 어디서나 온전히 표현해 내는 이가 바로 요순堯舜과 같은 성인이다. 그런데 성인은 우리와 다른 어떤 초월적 존재가 아니라 바로 도덕적 완벽을 이루어 자유로운 사람이다. 결국 인간에게 잠재된 본성의 내용이란 바로 도덕이며, 나아가 인간의 잠재성과 우주의 원리는 도덕을 매개로 하나가 된다. 하나가 되었기 때문에 서로 알 수 있는 것이다. 그래서 공구는 자신이 "전 우주에 두루 통하는 원리를 깨달으니 인격신과 같은 하늘이 있다면 그가 나를 알아줄 것이다"라고 말했던 것이다.

위에서 인용한 두 문장을 통해서 우리는 공구가 꿈꾸고 또 도달했던 경지를 파악할 수 있다. 그것은 우선 규범에 얽매이지 않는 자유를 구가하는 경지요, 둘째는 하늘과 감통感通할 수 있는 경지이다. 이것을 우리는 성인의 경지라고 부른다. 바꿔 말하자면, 공구가 평생토록 노력하여 이뤄 낸 경지란 바로 자신의 잠재성을 완벽하게 실현해 내어 마침내 전 우주의 원리와 일체화한 것이다. 후대의 유학자들은 이를 '천인합일天人合一' 혹은 '천인합덕天人合德'이라 표현했다. 풀어 말하면 '하늘과 사람이 하나가 된다', '하늘과 사람이 덕을 합한다'는 소리다.

혹자는 이게 가당하기나 한 일이냐고 따질 수도 있을 것이다. 그렇다. 만일 유일신교의 입장에서 말한다면, 이건 말도 안 되는 소리다. 어디 감히 사람 따위가 하늘과 하나가 되고, 덕을 합한다고 말할 수 있을쏘냐! 그러나 분명 유학자들은 그런 경지가 가능하며, 또 반드시 그 경지에 도달하려고 노력해야 한다고 우리를 다그친다. 도대체 무슨 근거로? 뭘 믿고 그렇게 다그치는 것인가? 바로 위에서 언급한 우리 인간의 잠재된 본성에 근거하여 그걸 믿고 다그치는 것이다.

## 잠재성의 실현

유학자들의 철학적 신념에서 그것이 객관적 진리인지의 여부는 차치하고, 인간의 잠재된 본성이란 바로 우주의 총 원리가 응축되어 인간에게 부여된 것이다. 이것이 바로 '하나 됨'(합일 내지 합덕)의 근거이다. 그렇다면 인간은 이미 완벽한 존재가 아닌가? 노우! 아니다. 왜냐? 본성이란 잠재성이요 가능태이기 때문이다. 잠재성은 그 성질을 설명하고, 가능태는 그 양태(놓여 있는 상태)를 가리킨다. 말이 좀 어려워졌지만 자세하게 설명해 보자.

우선 잠재성이란 영어로 potentiality이지만, 한자로는 '잠길 잠潛'과 '있을 재在' 그리고 '성품 성性'이다. 여기에서 쉽게 알 수 있듯이, 어떤 것이 있긴 있는데 물에 잠겨 있듯 눈에 보이지는 않는 것이 바로 '잠재'의 의미이다. 그러니까 잠재성이란 바로 '있긴 있는데 물에 잠겨 있는 성질'을 말한다. 이런 잠재성은 가능성과 비슷한 것 같지만 결코 그렇지 않다. 가능성이란 말 그대로 그럴 수 있다는 의미이다. 하지만 그렇지 않을 수도 있다. 즉, 어떤 확정적인 근거를 갖는 필연성이 아니다. 그러나 잠재성은 분명히 '있는' 것으로 일종의 필연성이다. 비록 물에 잠겨 있지만.

예를 들어 설명해 보자. 가능성이란 일종의 확률이다. 내가 로또에 당첨될 가능성이 있을까? 있다. 사기만 하면 8000만 분의 1이라는 가능성, 즉 그만큼의 확률이 있다. 그러나 당첨되지 않을 가능성은 8000만분의 7999만 9999나 된다. 이처럼 가능성은 '필연'과 전혀 관계가 없다. 말 그대로 이럴 수도 있고 저럴 수도 있는 것이다. 반면에 잠재성은 확률이 아니다. 있으면 전부 있고, 없으면 전부 없는 것이다. 예를 들어, 아리스토텔레스가 이미 말했던 것처럼 도토리는 참나무가 될 수 있다. 그러나 도토리가 아스팔트나 시멘트 바닥에 떨어진다면 혹은 다람쥐가 물어 가 버린다면 그것은 참나무가 될 수 없다. 이와 달리 비옥한 땅에 떨어진다면, 적당한 햇볕과 수분을 얻는다면, 그것은 참나무가 될 것이다. 도토리는 뭐가 되면 반드시 참나무가 되지 단풍나무가 되지는 않는다. 이런 필연성을 담지하고 있는 것이 바로 잠재성이다. 인간의 본성은 가능성이 아니라 잠재성이다. 이 차이를 반드시 알아야 한다.

그리고 이런 잠재성의 양태가 바로 가능태이기도 하다. 위의 예를 통해 다시 말하자면, 도토리는 참나무가 될 수 있는 '가능한 양태'이고, 참나무는 도토리가 '현실화된 양태'이다. 바로 이런 의미에서 도토리는 '가능태'요, 참나무는 '현실태'이다. 나아가 무성한 참나무는 '이상태' 혹은 '완전태'라고 부를 수 있다. 인간의 본성은 이와 같이 '현실태'나 '이상태'가 될 수 있는 필연성을 지닌 가능태이다.

정리해 보자. 인간 따위가 감히 하늘과 하나가 되고 덕을 합할 수 있다는 주장은 그들의 본성에 근거한 것이다. 인간의 본성이란 전 우주를 통해 표현되는 최고 원리가 응축되어 부여된, 그래서 그 최고 원리와 본디부터 하나인 것이다. 다만 그것은 잠재성이요 가능태일 뿐이다. 필연성을 담보할 수 없는 '가능성'은 아니지만, 그렇다고 이미 완성된 '현실태'도 아니다. 따라서 우리는 공부를 통해서 그 '가능태'를 '현실태'로 만들어야 한다. 인간의 본성이 '가능태'에 머물지 않고 '현실태'가 되었을 때, 유학자들이 주장하는 것처럼 인간은 하늘과 하나가 될 수 있는 것이다.

좋다. 잠재성이고 가능태고 간에 그렇다 치자. 설사 인간이 그 뭐 '현실태'가 되었다고 해도 어떻게 감히 하늘과 같을 수가 있는가? '현실태'라는 것이 사실은 이상적인 인간으로, 결국 인간의 범주를 뛰어넘을 수 없는 것일진대, 제까짓 것이 어떻게 감히 하늘과 어깨를 견줄 생각을 할 수 있단 말인가? 이는 유한자의 한계를 자각하지 못한 교만이다.

맞다. 교만하다. 유일신교의 입장에서 본다면, 어찌 이리도 방자할 수 있단 말인가? 바벨탑을 세우는 것도 용서가 안 되는데. 네놈들이……. 진정하시라! 절대, 결코, 그런 교만과 방자가 아니올시다. 우선 '하나가 된다'는 주장이 '덕을 합한다'는 말과 같음을 상기해 주시라! 다시 말해서, '하늘과 사람이 하나가 된다'는 말은 사실 '하늘과 사람이 덕을 합한다'는 의미이다. 뭐가 다른가? 많이 다르고, 당연히 다르다. '하나가 된다'는 말은 존재의 차원인 것 같지만, '덕을 합한다'는 존재가 아닌 일종의 작용 혹은 기능의 차원이기 때문이다. 기실 '하나가 된다'는 말은 완전히 '덕을 합한다'는 말에 근거하여 나온 것이다. 어떻게 근거하는지 이제 헤아려 보자.

## 작용 혹은 기능의 일치

인류는 오래전부터 그 양상이 어찌 되었든 간에 공통적으로 하늘을 경외했다. 그러나 그들이 인식한 하늘이 모두 같지는 않았다. 우리가 주의해야 하는 점이 바로 이런 사실이다. 유일신교에서 하늘은 바로 유일신이다. 그분은 이 세계의 창조주이다. 그분의 존재로부터 창조라는 작용이 있었다. 그분은 존재만 하는 분이 아니라, 행위 하는 즉 작용하고 기능하는 분이다. 그러나 동아시아 한자문화권에서 말하던 하늘(天)은 어떤 존재를 지칭하지 않는다. 하늘은 우리가 명확하게 인식하기 어렵지만 이 세상이 이렇게 굴러가는, 마치 '봄이 가면 여름이 오고' 하는 것과 같은, 어떤 원리를 가리킬 뿐이며, 존재 혹은 실체(entity)를 필요로 하지 않는 오직 작용 혹은 기능만을 의미한다. 창조와 창조주에 대한 인식이 없었던 것이다.

여기에 더하여 '하늘과 사람이 하나가 된다'는 주장은 '하늘과 사람이 덕을 합한다'는 말에 근거한다고 했다. 그런데 덕德이라는 글자 또한 원래 function, 즉 기능 혹은 작용을 의미하는 글자였다. 따라서 위의 명제를 달리 표현하면, '하늘과 사람은 그 기능을 합한다'는 말이 된다. 그런데 하늘이나 그

덕은 이미 완성되어 실행되고 있는 '현실태'인 기능이요 작용이다. 그러나 사람은 비록 그 본질이 하늘과 완벽하게 동일한 기능·작용이긴 하지만, 아직 실현되지 않은 '가능태'에 속하지 현실태로 완성된 것이 아니다. 이런…… 그럼 결국은 헛소린가? 절대 아니다! 여기에서 우리가 상기해야 하는 것은, 이때의 사람은 바로 '성인', 즉 이상적인 사람, 완벽한 사람, 잠재성을 실현한 사람이라는 사실이다. 그는 이미 '가능태'를 '현실태'로 변화시킨 사람이다. 그런 사람의 작용 혹은 행위는 바로 전체 우주의 운행원리와 마찬가지가 된다. 이것이 바로 '천인합덕' 나아가 '천인합일'의 진정한 의미인 것이다.

'천인합일'은 존재 내지 물리적 형체가 배제되고 오직 작용과 기능의 측면에서 말하는 것이다. 물론 그것이 과학적 지식과 같이 어떤 증명이나 실험을 통해 입증될 수 있는 것은 아니다. 앞에서도 말했지만, 그것은 유학자들이 지녔던 일종의 철학적 신념이다. 이 세상에 생명체들이 끊임없이 태어나 자라고 사라지면 또 태어나고, 사계절이 언제나 그 순서대로 순환하는 것을 도덕적 의미, 즉 선善으로 해석하는 것이 유학자들의 철학적 신념이다. 우주 자체가 선이고 또 그런 선이 바로 우리 인간에게 부여된 잠재성의 내용이다. 이런 논리를 가장 강력하게 주장한 유학자가 바로 '맹가孟軻'(맹자)이고, 그의 성선설性善說은 이런 전통을 이어받은 주장일 뿐이다.

이상과 같이 잠재성을 실현하여 완벽한 도덕적 존재가 되고 자유를 구가하며, 그에 따라 하늘과 하나가 된 경지가 인생의 궁극적인 목표일까? 물론 그렇다. 한나라 이후, 특히 불교가 홍성했던 당唐나라 이후, 유학자들은 거의 대부분 위에서 설명한 것을 인생의 목표로 삼았다. 그들의 목표는 중국어로 'xue zuo shengren'(學做聖人), 즉 배워서 성인이 되는 것이었다. 그러나 공구와 맹가 등 근본 유학자들에게 있어 그것은 일차적인 목표였을 뿐이다. 주자학朱子學이니 양명학陽明學이니, 송명宋明시대의 유학자들이 동양의 철학사에서 중요한 지위를 차지하지만 그들은 기실 반쪽짜리 유학자들이었고, 그래서 또한 순진함 때문에 발생하는 유학의 문제도 제대로 인식하지 못했으며, 결국 서양의 침탈에 속수무책으로 당해야 했던 것이다.

에구구, 얘기가 또 옆으로 새는데, 유학의 순진함과 송명유학(우리나라에서는 주자학을 위주로 발전했기 때문에 전통적으로 성리학이라 불린다)이 노정한 문제에 대해서는 조금 있다가 기회를 봐서 설명하기로 하고, 다시 우리 주제로 돌아가자. 성인이 되어 '천인합일'의 경지에 도달하는 것이 일차적인 목표라면, 최종적인 목표는 무엇일까? 힌트를 주겠다. 짱구 이외에 공구의 또 다른 별명이 있었는데, 그것은 바로 '상갓집 개'였다. 엥? 성인이라는, 공자님으로 불린 공구의 별명에 '개'가 들어가? 어떤 개? 멍멍이? 맞다. 그 멍멍이다. 도대체 뭔 소리냐?

공구는 노魯나라에서 벼슬을 살다가 자신의 정치적 이상을 펼치고자 다른 제후국들을 여러 해 동안 주유周遊했다. 그런데 공구 일행이 언제 어디서나 환영을 받고 대접을 받았던 것은 아니다. 심지어 여러 날 먹을 것조차 없어서 배를 곯는 일까지 발생하곤 했다. 그래서 계로와 같은 제자는 화를 내며 "군자도 이런 지경에 빠질 수 있냐"고 따지며 대들기도 했다.[5] 그런데 상갓집은 어떤가? 지나가는 거지에게도 먹을 것을 베풀지 않았는가? 공구 일행은 그렇게 얻어먹은 경우도 있었다. 그래서 그들을 비웃고 욕하던 무리가 '상갓집 개'라는 못된 별명을 붙여 줬던 것이다.

## 인민들이 살기 좋은 세상 만들기

공구가 이렇게 비난을 받으면서도 여러 제후국을 주유한

이유는 무엇인가? 물론 자신의 정치적 이상을 펼치기 위해서이다. 그렇다면 그의 정치적 이상이란 무엇인가? 간단히 말해서 그것은 인정仁政이라 부를 수 있는데, 그 내용에 대해서는 다음 장에서 구체적으로 설명하기로 하고, 여기서는 먼저 왜 그런 정치적 이상을 펼치려고 했는지 살펴보도록 하자.

공구가 그리고 맹가가 살고 생활하던 시대를 우리는 보통 '춘추전국시대'라고 말한다. 사실 춘추시대와 전국시대를 합쳐서 부르는 이름인데, 모두 책 이름에서 따온 것이다. 공구가 노나라 역사서에 근거해서 편찬했다는 『춘추春秋』와 한나라 시대의 유향劉向이 지은 『전국책戰國策』이 그것이다. 춘추전국은 일반적으로 어떤 특정한 세력도 주도권을 잡지 못하고 서로 치열하게 경쟁하는 상황을 가리키는 용어로 사용된다. 그런데 사실 '춘추전국시대'란 사회와 국가가 끊임없는 전쟁으로 인해 혼란에 빠진 시기였다. 한마디로 '예괴악붕禮壞樂崩'의 시대, 즉 예악으로 대표되는 문화체계가 무너져 버려 더이상 그 사회가 유지될 수 없는 시대였다. 이런 상황을 극복하고자 등장한 사상가들, 철학자들을 우리는 '제자백가諸子百家'라고 부른다. 풀어서 말하면, '여러 선생과 많은 학파'란 뜻이다. '제자백가'의 목표는 분명하다. 바로 사회와 국가를 안정시키는 것이다. 공구는 이들 중에서 가장 먼저 등장한 인물들 중의 하나이다. 따라서 그가 여러 제후국을 주유한 이유도 분명해진다. 자신이 구상한 정치적 조치들을 구체적으로 실현하여 우선 자신이 몸담고 있는 제후국을 안정시키고, 나아가 전 중국으로 힘을 펼쳐서 모든 나라를 평화롭게 만들어 고달픈 인생을 억지로 어쩔 수 없이 이어가던 인민들에게 삶의 기쁨을 누리게 하기 위해서, 공구는 '상갓집 개'라는 놀림을 받으면서도 열국列國을 주유했던 것이다. 정말 가상하고 위대하지 않은가!

이상에서 알 수 있듯이, 공구와 근본 유학자들의 최종적인 목표는 바로 인민들, 인간과 그 사회, 나아가 모든 생명체가 함께 어우러져 행복하게 '잘 먹고 잘 사는' 그런 사회를 실현하는 것이었다.


계로가 군자에 대해 물었다. 공구는 "자기를 닦아서 경건하게 해야 한다"고 대답했다. 그러자 계로가 "그와 같을 뿐입니까?" 하고 다시 물었다. 그러자 다시 "자기를 닦아서 다른 사람을 편안하게 해야 한다"고 대답했다. 계로가 또 "그와 같을 뿐입니까?" 하고 물으니, "자기를 닦아서 백성을 편안하게 해야 한다.

자기를 닦아서 백성을 편안하게 하는 일은 위대한 성인이었던 요순도 오히려 어렵게 여긴 것이로다!"라고 말했다.[6]

군자란 요즘 말로 지식인이요, 당시의 관례대로라면 지식인은 또한 관료로서 인민들의 삶을 책임지고 관장해야 하는 인물이다. 그런 인물은 사실 유학자들이요, 따라서 위에서 말한 내용은 모두 유학자들이 추구해야 하는 목표가 되는 것이다. 그 목표의 첫째는 이미 우리가 살펴본 것처럼 자기를 닦는 것, 즉 도덕수양을 통해 성인이 되어 자유를 구가하고 하늘과 하나가 되는 것이다. 둘째는 바로 인민(백성)을 편안하게 하는 것이다. 요순과 같은 성인이자 제왕에게조차 결코 쉬운 일이 아니었으니, 계로와 같은 범인들이야 일러 무삼하리오! 어쨌든 최종 목표니까…….

공구는 전자를 '수기修己'라 하고, 후자를 '안인安人' 혹은 '안백성安百姓'이라 했다. 그래서 일반적으로 유학자들의 목표는 '수기안인'으로 표현된다. 나중에 후대 유학자들은 『장자莊子』의 「천하天下」편에 나오는 개념으로 바꿔 불렀는데, 이른바 '내성외왕內聖外王'이 바로 그것이다. '내성외왕'이란 '안으로 성인이 되고 밖으로는 왕 노릇 한다'는 뜻으로, 그 내용은

'수기안인'과 다를 것이 없다. 다시 말해서, 안으로 즉 자기 자신은 열심히 수양하여 도덕적 완벽을 이룬 성인이 되어 자유를 구가하고, 나아가 밖으로는 즉 사회적으로는 그렇게 이루어진 도덕적 성품을 바탕으로 인류사회의, 더 나아가 그것과 자연세계와의 조화까지도 추구하는 것이 바로 '내성외왕'이라는 이상이요, 그것이 바로 유학자들의 최종 목표였던 것이다.

이 기회에 또 하나의 오해를 좀 풀어 보자. 맹가는 이상과 같은 입장에 근거하여 '친친親親, 인민仁民, 애물愛物'을 주장했다. 이 개념들을 풀어 말하자면, 먼저 자기에게 가까운 사람을 가깝게 대우하고, 그러나 거기에 그치는 것이 아니라 모든 인류를 사랑하며, 최종적으로는 만물을 아끼는 경지에까지 이르러야 한다는 의미이다. 여기에서 알 수 있듯이, 유학은 흔히들 말하는 것처럼 농경사회의 가족주의에만 그치는 것이 아니다. 단지 위와 같은 순서를 정한 것은 일관된 원칙을 언제 어디서나 적용하기 위해서였을 뿐이다.

맹가 당시에는 묵적墨翟(묵자)의 겸애兼愛설이 크게 유행하고 있었다. 겸애설이란 마치 박애와 마찬가지로 널리 사랑하라는 주장이다. 그런데 맹가는 이런 주장에 대해 애비를 둘로 만드는 엉터리 학설이라고 비난했다. 이건 또 뭔 소린가? '널리 사랑하라'는 말이 어째서 엉터리인가? 이유인즉슨 이렇다. 묵가의 주장처럼 널리 사랑하려면, 남의 아버지도 내 아버지처럼 존경하고 사랑하며 모셔야 한다. 그런데 만일 물난리가 났는데 한 사람만 구할 수 있다면 우리는 어떻게 하겠는가? 당연히 내 아버지를 구할 것이다. 맹가는 그래서 묵적의 겸애설이 애비를 둘로 만드는, 즉 원칙이 둘인 엉터리 주장이라고 비판한 것이다. 일 없을 땐 '겸애'하고, 일 있을 땐 '친친'하고? 이건 아니잖아! 우리는 반드시 '애물'까지 밀고 나가야 하지만, 시작은 인지상정에 근거하여 '친친'이어야 한다. 어찌 이를 부정할 수 있겠는가? (물론 기독교에서처럼 창조주를 신앙하고 우리 자신을 피조물로 인정하는 경우라면, 창조주가 요구하는 박애는 곧 최고의 원리, 지상명령일 것이다.)

## 도덕수양과 이상사회의 간극(유학의 순진과 비애)

이상에서 우리는 유학의 최종 목표, 유학자들의 인생 목표에 대해 살펴보았다. 하나의 명제로 말하자면, '수기안인'이요 '내성외왕'이다. 그런데 이 명제에는 우리가 반드시 주의해야 하는 점이 있다. 그것은 바로 논리적 형식과 실제적 가능성이다. 유학에서는, 유학자들은 '수기'하면 '안인'할 수 있고 '내성'이면 '외왕'할 수 있다고 생각했다. 그런데 과연 그럴까? 결코 그렇지 않다. 이것이 바로 앞에서 내가 언급한 유학의 순진함이다. 형식 논리에서 보자면, '수기'는 조건이요 '안인'은 결과이다. 그 조건이 충족되면 그 결과가 나와야 한다. 그런데 '수기'가 이루어졌다고 '안인'이 되는가? 그렇다면 공구는 성인이 아니었을 것이다. 왜냐고? 공구는 '안인', '안백성'을 못했잖은가! 그는 열국을 주유했지만, 어느 제후국에서도 그를 등용하여 일선 정치에 복무시키지 않았다.

유학의 중요 경전으로 대접 받는 『대학大學』에는 중요한 수양 항목 여덟 가지가 나온다. 이를 흔히 8조목이라 부르는데, 바로 격물格物・치지致知・성의誠意・정심正心・수신修身・제가齊家・치국治國・평천하平天下가 그것이다. 그런데 여기에서도 동일한 형식 논리의 문제가 발생한다. 평천하하기 위해서는 먼저 치국해야 하고, 치국하기 위해서는 먼저 제가해야 하며, 결국 같은 논리로 끝까지 가서 치지하기 위해서는 격물

해야 한다는 주장이 펼쳐진다. 좋다. 화끈하게 양보해서 8조목의 논리적 연계가 가능하다고 해 보자. 그러나 도저히 가능하기 어려운 고리가 있다. 그것은 바로 수신과 제가의 연결고리이다. 수신까지는 개인적 도덕수양 즉 수기 혹은 내성의 문제이고, 제가부터는 안인 혹은 외왕의 문제이다. 생각해 보자. 개인적 도덕수양이야 저 혼자 열심히 하기만 하면 된다. 그러나 제가부터는 개인적인 문제가 아니다. '가家'라는 개념부터가 우리가 생각하는 4인 가족 정도를 의미하는 것이 아니다. 알기 쉽게 비유하자면, 같은 성씨를 가진 여러 사람들이 모여 사는 집성촌 정도가 여기에서 말하는 '가'에 속한다. 그것은 이미 사회이다. 그렇다면 얼마나 많은 문제들이 그 안에서 일어날 것인가? 그 사회의 구성원들이 전부 군자나 성인이 아닌 이상, 어떻게 문제가 없을 수 있겠는가? 무수한 문제들이 발생할 텐데 어떻게 그리 쉽고 간단하게 개인적 수양으로 모든 것을 해결할 수 있다고 장담하는가? 수신이 제가의 조건이라고? 물론 필요조건일 수는 있다. 하지만 절대 충분조건이 되지 못한다. 인간사회의 문제가 도덕적인 것에만 국한되는 것이 아니잖은가! 여러 가지 욕망의 충돌을 합리적으로 처리하려면, 나 자신의 도덕성에만 의지할 수는 없다. 물론 그 나

하나가 사회구성원 전체가 된다면 문제가 없겠지만, 그럴 수가 있겠는가? 모두가 성인이라고?

이것이 바로 유학자들의 순진함이요, 유학이론의 허점이자 비애이다. 그런데 송명 이후의 유학, 즉 주자학이니 양명학이니 혹은 퇴계학이니 율곡학이니, 모두 무엇을 말하는가? '격물궁리'나 '거경궁리'만을 외친다. 그냥 계속 순진하게 '수기'하면 '안인'할 수 있다고 믿으면서? 게다가 더욱 심각하게도, 유학의 최종 목표인 '안인' '외왕'은 거의 도외시했다. 이것은 도교와 불교의 나쁜 영향이 아닐 수 없다. '수기'와 '내성'만을 추구한다는 것은 결국 외부세계를 간과하게 만들고, 마침내 객관적 학문의 발전을 기약할 수 없게 된다. 그래서 동아시아 사회가 서구 열강의 먹이가 되어 버렸던 것이다. 일본은 당시의 기준으로 볼 때 학문적 수준이 매우 낮아서 오히려 서구의 학문을 쉽게 받아들였고(전통 학문에 대한 자부심이 부족했으니까!), 그 결과로 객관적 성과를 획득할 수 있었다.

도덕적 완성을 추구하는 것이 어째서 외부세계를 간과하게 만들고, 객관적 학문의 발전을 방해하는가? 간단하게 말해서 도덕은 우선 동기를 중시할 수밖에 없는데, 동기는 내재적인 것이지 외재적인 것이 아니기 때문이다. 모든 도덕 행위는 자발성에 의해서만 그 의의를 보장 받을 수 있다. 누군가의 강요에 의해 이루어진 행위는 진정한 도덕실천이 아니다. 그런 타율은 두뇌가 조금 발달한 동물들도 가능하기 때문이다. 개나 원숭이 혹은 돌고래 등에게 인사하는 법을 훈련시켰다고 그 녀석들이 진짜 인사를 한 것으로 생각하는 사람은 없다. 그냥 신기하게, 기특하게 생각할 뿐이다. 이처럼 도덕 행위는 동기가 중요하고, 그 동기는 내재적이다. 따라서 도덕을 강조하면 할수록 내부를 향하게 되고 그만큼 외부를 간과하게 되기 쉽다. 외부를 간과하면서 객관적 학문의 발전을 기대하는 것은 어불성설이다. 객관적 학문이란 기본적으로 외부에 대한 관찰에 근거하기 때문이다.

좀 더 어려운 측면을 이야기하자면, 이성의 작용이 다르다는 사실이다. 객관적 학문은 이성의 논리적, 인식적 측면을 통해 외부의 대상을 처리하는 것인데 반해, 도덕실천은 이성의 도덕적, 덕성의 측면을 직접 발휘하는 주체적인 것으로 외부 대상에 그다지 개의치 않는다. 이러하니 어떻게 도덕실천만 강조하면서 객관적 학문의 발전까지 기대할 수 있겠는가!

공구로 대표되는 유학의 문제는 집단이기주의 따위가 절대 아니다. 만일 조금이라도 우리 문화를 사랑하여 그것을 계승하고 발전시킬 요량이라면, 우리는 가장 먼저 이론적으로 이상과 같은 유학의 '순진함'과 '비애'를 극복해야 할 것이다. 물론 그런 임무와 작업은 우선 나 같은 전공자들에게 있기는 하겠지만.

## 인생목표와 관련된 공구의 기타 언급들

형편없는 음식을 먹고 맹물만 마시며 팔을 굽혀 베개를 삼는 처지에 있더라도 즐거움은 또한 그 속에 있다. 의롭지 못한데도 부귀한 것은 내게 있어 뜬구름과 같다.[7]

계로야, 너는 어찌 알려 주지 않았느냐! 나의 인간됨은 발분하면 밥 먹는 것도 잊고 즐거움으로 근심을 잊으며 늙음이 다가오는 것을 모른다고.[8]

하늘이 내게 덕을 주었는데, 환퇴桓魋 따위가 나를 어찌할 것인가![9]

안연과 자로가 공구를 모시고 있었다. 공구가 "너희들의 꿈을 이야기해 보는 것이 어떠냐?" 하고 물었다. 자로는 "친구들과 수레와 말 그리고 옷을 함께 쓰고 입다가 망가져도 섭섭해 하지 않기를 바랍니다"라고 대답했다. 안연은 "장점을 자랑하지 않고 공로를 과장하지 않기를 바랍니다"라고 말했다. 그러자 자로가 "선생님의 꿈을 듣고 싶습니다" 하고 말했다. 공구는 "노인들을 편안하게 하고 친구들이 믿게 하며 젊은이들을 품어 주고 싶다"고 대답했다.[10]

자로가 석문石門에서 묵었다. 문지기가 "어디에서 오시오?"라고 묻자 자로가 "공씨 댁에서 옵니다" 하고 대답했다. 그러자 "거, 안 되는 줄 알면서 애쓰는 사람 말이요?"라고 말했다.[11]

초나라의 미치광이 접여接輿가 공구가 탄 수레 옆을 지나가며 노래 불렀다. "봉황이여, 봉황이여! 어찌 그리 덕이 쇠했는가? 지난 일이야 이야기한들 무슨 소용이랴! 하지만 앞으로의 일은 추구할 수 있을 것이오. 그만두소. 그만두소. 오늘날 정치하는 이들은 위태할 뿐이니!" 공구가 수레에서 내려 그와 이야기하려 했지만 접여가 재빨리 피하여 이야기할 수 없었다.[12]

장저長沮와 걸닉桀溺이 함께 밭을 갈고 있는데, 공구가 그곳을 지나다가 자로에게 나루터를 물어보라고 했다. 장저가 자로에게 "수레를 잡고 있는 저이는 누구신가?"라고 묻자, 자로는 "공구입니다" 하고 대답했다. 그가 다시 "노나라의 공구인가?"라고 묻자, "예, 그렇습니다" 하고 대답했다. 그러자 "그러면 진작부터 나루터를 알고 있다"고 말했다.

다시 가서 걸닉에게 물었다. 그러자 걸닉이 "그대는 누구신가?"라고 물었다. "중유仲由(자로)입니다"라고 대답하자, "그대는 노나라 공구의 제자인가?"라고 다시 물었다. "그렇다"고 자로가 대답하니, "홍수와 같은 재난이 세상에 두루 퍼졌는데, 그대는 누구와 더불어 이런 세상을 바꾸겠는가? 그러니 악한을 피하는 선비를 따르느니 차라리 나쁜 세상을 피하는 선비를 따르는 것이 낫지 않겠는가?"라고 말하며 씨 뿌리고 흙 덮는 일을 그치지 않았다.

자로가 돌아와 공구에게 보고했다. 그러자 공구는 슬퍼하며 "짐승과는 함께 살 수 없으니, 내가 세상 사람들과 함께 살지 않으면 누구와 함께 살겠는가? 세상이 평안했다면, 나는 너희들과 함께 세상을 바꿔 보려 하지 않았을 것이다"라고 말했다.[13]

자로가 공구를 따라가다 낙오했다. 길을 가던 중에 지팡이에 김매는 기구를 메고 가는 노인을 만났다. 자로가 "어르신, 저의 선생님을 보셨습니까?" 하고 묻자, 그 노인은 "너는 사지를 움직여 노동을 하지도 않고 오곡도 구별하지 못하는데, 누가 네 선생이 누군지 알겠느냐?"라고 대답하며 지팡이를 세워 놓고 김을 맸다.

그런데도 자로가 두 손을 공손히 모으고 서 있으니, 노인은 그를 자기 집에서 재워 주며 닭을 잡고 기장밥을 먹였다. 또한 두 아들을 불러 서로 인사하게 했다. 다음날 자로가 따라와 보고했다. 공구는 "은자로구나" 말하고, 자로에게 돌아가 다시 만나 보라고 했다. 자로가 그곳에 도착했을 때, 그는 이미 떠나고 없었다.

그러자 자로가 "벼슬하지 않는 것은 옳지 못하다. 어른과 아이의 관계도 없앨 수 없는데, 임금과 신하의 관계를 어떻게 방치할 수 있겠는가? 자기 한 몸을 더럽히지 않으려 하지만, 오히려 임금과 신하의 관계라는 더 큰 윤리를 어지럽히는 꼴이다. 군자가 벼슬을 하는 것은 마땅히 다해야 하는 책임을 다하려는 것일 뿐이다. 지극한 도리가 세상에 실행되지 않는 사실은 이미 알고 있다"고 말했다.[14]

1 ▶ 「先進」 12, "季路問事鬼神. 子曰: '未能事人, 焉能事鬼?' 敢問死. 曰: '未知生, 焉知死?'"

**인생역정**

2 ▶ 「爲政」 4, "子曰: 吾十有五而志于學, 三十而立, 四十而不惑, 五十而知天命, 六十而耳順, 七十而從心所欲不踰矩."

## 성인: 그의 자유와 공부

3▶ 「憲問」 35, "子曰: 不怨天, 不尤人. 下學而上達. 知我者其天乎!"

4▶ 「泰伯」 3, "曾子有疾, 召門弟子曰: '啓予足! 啓予手! 詩云 '戰戰兢兢, 如臨深淵, 如履薄冰.' 而今而後, 吾知免夫! 小子!'"(증자가 병이 깊어지자 제자들을 불러 말했다. "[이불을 들춰] 내 발과 손을 보아라. 『詩經』에 '전전긍긍하여 깊은 연못 앞에 선 듯하고, 살얼음을 밟는 듯하다'고 했다. 이제야 내가 [몸을 훼상할까 걱정하는 일에서] 벗어나게 되었음을 알겠구나! 얘들아!")

## 작용 혹은 기능의 일치

5▶ 「衛靈公」 2, "在陳絶糧, 從者病, 莫能興. 子路慍見曰: '君子亦有窮乎?' 子曰: '君子固窮, 小人窮斯濫矣.'"

## 인민들이 살기 좋은 세상 만들기

6▶ 「憲問」 42, "子路問君子. 子曰: '脩己以敬.' 曰: '如斯而已乎?' 曰: '脩己以安人.' 曰: '如斯而已乎?' 曰: '脩己以安百姓. 脩己以安百姓, 堯舜其猶病諸!'"

## 인생목표와 관련된 공구의 기타 언급들

7▶ 「述而」 16, "子曰: 飯疏食飮水, 曲肱而枕之, 樂亦在其中矣. 不義而富且貴, 於我如浮雲."

8▶ 「述而」 19, "子曰: 女奚不曰, 其爲人也, 發憤忘食, 樂以忘憂, 不知老之將至云爾."

9▶ 「述而」 23, "子曰: 天生德於予, 桓魋其如予何?" 『史記』, 「孔子世家」에 다음과 같은 기사가 실려 있다. 공구가 曹를 떠나 宋으로 가서 제자들과 함께 커다란 나무 아래에서 예를 익히고 있었는데, 송의 司馬인 환퇴가 공구를 죽이려고 그 나무를 뽑아 쓰러뜨렸다. 그러나 공구는 피해서 무사했다. 그러자 제자들이 빨리 떠나야 한다고 말했다. 이때 공구가 제자들에게 문화적 사명감과 자긍심, 의연함

을 보이면서 위와 같이 말한 것이다.

10▶ 「公冶長」 26, "顏淵季路侍. 子曰: '盍各言爾志?' 子路曰: '願車馬 衣輕裘, 與朋友共. 敝之而無憾.' 顏淵曰: '願無伐善, 無施勞.' 子路曰: '願聞子之 志.' 子曰: '老者安之, 朋友信之, 少者懷之.'"

11▶ 「憲問」 38, "子路宿於石門. 晨門曰: '奚自?' 子路曰: '自孔氏.' 曰: '是知其 不可而爲之者與?'"

12▶ 「微子」 5, "楚狂接輿歌而過孔子曰: '鳳兮! 鳳兮! 何德之衰? 往者不可諫, 來者猶可追. 已而, 已而! 今之從政者殆而!' 孔子下, 欲與之言. 趨而辟之, 不得與之言."

13▶ 「微子」 6, "長沮, 桀溺耦而耕, 孔子過之, 使子路問津焉. 長沮曰: '夫執輿者 爲誰?' 子路曰: '爲孔丘.' 曰: '是魯孔丘與?' 曰: '是也.' 曰: '是知津矣.' 問於 桀溺, 桀溺曰: '子爲誰?' 曰: '爲仲由.' 曰: '是魯孔丘之徒與?' 對曰: '然.' 曰: '滔滔者天下皆是也, 而誰以易之? 且而與其從辟人之士也, 豈若從辟世之 士哉?' 耰而不輟. 子路行以告. 夫子憮然曰: '鳥獸不可與同羣, 吾非斯人之 徒與而誰與? 天下有道, 丘不與易也.'"

14▶ 「微子」 7, "子路從而後, 遇丈人, 以杖荷蓧. 子路問曰: '子見夫子乎?' 丈人 曰: '四體不勤, 五穀不分. 孰爲夫子?' 植其杖而芸. 子路拱而立. 止子路宿, 殺雞爲黍而食之, 見其二子焉. 明日, 子路行以告. 子曰: '隱者也.' 使子路 反見之. 至則行矣. 子路曰: '不仕無義. 長幼之節, 不可廢也; 君臣之義, 如 之何其廢之? 欲潔其身, 而亂大倫. 君子之仕也, 行其義也. 道之不行, 已知 之矣.'"

# 목표 실현의 이론 구조와
# 구체적 실천

개념적으로 말하면 '수기안인' 혹은 '내성외왕', 그 내용을
살펴보면 '도덕적 수양을 통해 이상적인 인간이 되고 그것을
바탕으로 인민들이 살기 좋은 세상을 만드는 사업'이 바로 공
구가 그리고 이후의 유학자들이 이룩하고자 했던 목표이다.
그렇다면 그것은 어떻게 가능하며 또한 어떻게 이룩할 수 있
는가?

이번 장에서는 바로 이런 문제, 즉 그런 목표달성이 가능
한 근거와 이론구조를 먼저 살펴보고 그런 다음 다시 구체적
인 실천방안은 어떻게 진행되어야 하는지 살펴보도록 하겠

다. 제발 너무 전문적이지 않길 나 스스로 기대한다. 휴우~

# 1.이론 구조: 예를 통한 인의 실현

## 1) 예(인간다움의 표현)와 의(예의 기준)

요즘 우리나라에서 멋있고 강하게 보이려면 일단 영어를
써야 하니까, 예禮에 해당하는 영어 단어를 먼저 말하겠다. 그
것은 바로 'civility'이다. 엥, 뭐라고? 예에 해당하는 영어 단어
가 'civility'라고? 이런 무식한 놈……예의는 etiquette이나 혹
은 정중함을 나타내는 polite, 아니면 예식을 나타내는 뭐 cere-
mony 등이 아니냐? 어떻게 civility를……당연히 내게도 의도
하는 바가 있으니까 그렇게 우기는 것이다. 여러분은 civility를
보면서 혹시 civilize나 civilization, 나아가 culture 등과 같은 단어
가 생각나지 않는가? 나의 꼼수는 바로 여러분으로 하여금 이
런 단어들을 연상하도록 만드는 것이다.

**예는 곧 문화**

그렇다. '예'를 문화와 연계시키려는 것이 내 의도이다. 고

대 중국에서 '예'란 단순히 예의범절과 같은 형식이나 의식절차만을 가리키는 것이 아니라, 문화로 대표되는 인간의 의식적 노력과 그에 의해 얻어지는 여러 결과, 특히 사회질서를 담당할 수 있는 제도 등등까지 포함하는 개념이기도 했다. 이건 또 뭔 소리여? 예는 그냥 예의나 예식을 나타내는 거 아냐? 지금은 의미하는 바가 그렇게 작아졌지만, 먼 옛날에는 그렇지 않았다.

아직 기억하시리라. '예괴악붕'! 예악이 무너졌다는 말인데, 그것이 어떤 시대를 형용하는 개념이었는지 상기하시라! 바로 '춘추전국시대'를 가리켰다. '춘추전국시대'란 어떤 의미인가? 요즘은 주로 절대 강자 없이 비슷한 세력을 가진 집단끼리 서로 다투는 모습을 형용하는 데 사용하지만, 원래는 주나라 초기에 정립된 국가의 여러 제도가 그 효력을 잃으면서 나타난 혼란한 시대를 가리키는 개념이었다. 자, 그렇다면 사회의 혼란을 예악이 무너진 것으로 표현한 것이니 예악이 곧 사회질서를 의미하지 않는가? 그렇다. 예악이 바로 사회질서를 유지하기 위한 제도적 장치들까지 포함했던 것이다.

조금 더 구체적으로 이야기해 보자. 어쩌면 『주례周禮』라는 책 이름을 들어 보았을지도 모르겠다. 그것은 '주문周文'이라고도 불렸는데, 소위 13경經(『詩經』, 『書經』, 『周易』, 『禮記』, 『春秋左氏傳』, 『春秋公羊傳』, 『春秋穀梁傳』, 『論語』, 『孟子』, 『周禮』, 『儀禮』, 『爾雅』, 『孝經』)이라는 여러 경전 중의 하나이다. 이름에서도 알아챌 수 있듯이, 예는 문과 밀접하게 연계되어 있다. 이른바 13경이란 한나라 때 중국인들이 자신들의 문화적 업적을 유가적 입장에서 정리한 문헌들을 말한다. 그중에서 핵심을 뽑아낸 것이 바로 5경이다. 5경박사(五經博士)라는 직함을 역사시간에 들어 봤을 것이다. 일본에 한문을 알려 줬다는 왕인 박사! 뭐 이런 식으로 계속 이야기하면 끝도 없을 테니 이쯤하자. 아무튼 『주례』가 중요한 경전이라는 사실을 알았으면 됐다.

『주례』는 주나라의 모든 예식과 그 절차, 나아가 국가의 제도까지를 망라하여 기술한 경전이다. 그런데 그것을 건립한 이는 바로 공구가 죽도록 사모한 성인 주공周公이다. 기실 주공은 주나라의 황제가 아니었다. 공이라는 직함이 보여 주듯, 그는 주나라의 건국자 무왕武王의 동생이었을 뿐이다. 그런데 무왕은 주나라를 세우고 나서 얼마 지나지 않아 죽었다. 그때 그의 아들은 매우 어린 나이였다. 그래서 동생인 주공이 섭정을 하다가 무왕의 아들, 즉 성왕成王이 어른이 되자 아무미련 없이 자리를 내주고 자신의 봉토로 내려갔다. 역시 성인은 뭔가 다른 것 같다. 우리 소인배들은 그저 조그만 권력이라도 잡게 되면 그냥 오래 해 먹을 생각만 하는데…… 그러나 작은 아빠인 주공은 걱정이 되지 않을 수 없었다. 어린 조카가 주나라를 잘 다스릴 수 있을지. 그래서 나라를 안정되고 건실하게 만들기 위하여 여러 제도 등을 고안하고 정돈하였는데, 그런 내용이 바로 『주례』에 담겨 있는 것이다.

『주례』를 통해서 구체적으로 알 수 있듯이, '예'는 원래 의미하는 바가 굉장히 넓어서 우리 인간의 모든 행위를 전부 포괄하는 것으로 말할 수 있을 정도였다. 그렇다면 그것은 곧 '문화'라고 이야기할 수 있을 것이다. '문화'란 무엇인가? 뭐, 거창하게 지난 세기 70년대에 발흥한 Taylor 등의 문화학을 거론할 필요는 없을 테고, 쉽게 '자연'에 상대되는 개념으로 이해하면 될 것이다.

기실 문화라는 개념은 여러 의미로, 혹은 좁게 혹은 넓게 이야기될 수 있다. 그러나 문화는 기본적으로 자연과 상대되는 개념이다. 그것은 인간이 자연스럽게 지니게 된 여러 능력을 행사하여 자기 외부의 세계를 변화시킴으로써 얻은 전체 결과물, 그것이 물질적인 것이든 혹은 정신적인 것이든 상관없이 그 총화를 가리킨다. 에이, 또 조금 어려워졌다. 예를 들

어 말해 보자. 문화는 크게 세 부분으로 구분하여 살필 수 있
는데, 첫째는 '문물'이다. 인간이 지금 사용하는 거의 대부분
의 것이 바로 문물이다. 예를 들어, 지금 우리가 입고 있는
옷, 살고 있는 집, 타고 다니는 자동차, 읽고 있는 책 등등 구
체적인 사물이 바로 문물이다. 물론 여기에 나무나 돌, 들판
의 잡초와 같은 자연물은 포함되지 않는다. 둘째는 '풍습'에서
부터 '제도'에 이르기까지 인간의 행위에 의해 표현되는 것들
이다. 예를 들어, 자랑스러운 우리 사물놀이 등이나 연극과
영화와 같은 예술, 그리고 사회질서를 확보하기 위한 제도 등
등이 바로 그런 것들이다. 마지막으로 '사상' 혹은 '사유체계'
내지는 '철학'이다. 이것은 시대의 정신을 대표하기도 하고,
문화의 정수를 이루기도 한다. 이상과 같은 세 부분에 속하는
모든 것이 전부 문화이다. 문화는 그만큼 폭넓고, 그래서 자
연과 상대되는 개념인 것이다.

　　그런데 인간을 제외한 어떤 존재에게도 문화가 있을 수
없다. 스피노자가 말한 것처럼, 인간은 더 이상 오르지도 못하
고(신적인 존재로) 내려가지도 못하는(동물과 같은 존재로), 중간에
대롱대롱 매달려 있는 거미와 같은 존재인지도 모른다. (우리
단군신화도 너무나 인간적이게 이런 인간의 이중적 성격을

적나라하게 표현하고 있다.) 그러나 그렇기 때문에 '문화'를 창조할 수 있기도 하다. 생각해 보라. 창조주인 인격신이 있다면, 그에게 어떻게 문화라는 것이 있겠는가? 그분에게는 하나의 대상으로서 '자연'이란 것이 따로 있을 수 없다. 모든 것은 그분 마음먹은 대로 창조될 뿐이다. 어떻게 감히 문화가 있겠는가? 반면에, 동물과 같은 존재에게도 문화가 있을 수 없다. 왜냐하면 문화란 적어도 어떤 의도와 의지를 지닌 존재가 그 목표를 달성하기 위해 인위적으로 노력한 결과물이기 때문이다. 개나 고양이가 혹은 두뇌가 좋다는 유인원이나 돌고래가 자신의 특정한 목표를 달성하기 위해 어떤 문화적 표현들과 업적들을 이룩한단 말인가? 개가 두 발로 서고, 원숭이가 박수를 치고, 돌고래가 거수경례를 하는 것 등이 문화적 행위일까? 천만에 말씀, 만만에 콩떡이다. 그것은 단지 그렇게 훈련되어서 그런 행동을 할 수 있을 뿐이다. 결코 그것들 스스로 그런 행위를 하고자 하지 않았다. 스스로 그렇게 하고자 하지 않았다는 것이 바로 의도가 없었고 목적이 아니었다는 의미이다. 그러니 어떻게 문화를 언급할 수 있을 것인가?

이렇게 볼 때, 문화는 곧 인간이 자기 스스로가 인간임을 증명하는 수단 혹은 방법이라고 말할 수 있을 것이다. 그런데 고대 중국에서 말하던 '예'가 바로 그 '문화'이다. 그렇다면 '예'가 곧 인간이 스스로를 인간이라는 존재로 표현하는 수단 혹은 방법이라고 말할 수 있을 것이다. 이 점이 가장 중요하다. '예'는 오직 인간만이 지닐 수 있으며, 그것은 인간이 자신의 존재를 입증하는 중요한 특징이었던 것이다.

## 예에 대한 여러 생각들

'춘추전국시대'를 생각하면 떠오르는 명제는 '예괴악붕'이지만, 일련의 무리들도 그 시대에 등장하니 그들이 바로 '제자백가'이다. 앞에서 잠깐 이야기한 것처럼 '여러 선생과 학파'를 뜻하는 '제자백가'는 혼란스러워진 사회와 천하를 안정시키고자 등장한 일련의 학자와 학파들을 가리킨다. 그런데 춘추전국시대가 '예괴악붕'으로 표현될 수 있다면, 제자백가는 예악에 대해서 자신들의 특정한 입장을 지니고 있어야 한다. 그렇지 않은가! 문제가 예악에 있는데, 그것을 해결하려는 사람이 그 문제에 대한 견해를 가지고 있지 않을 수가 없지 않은가! 그러므로 제자백가의 학술 이론들은 적어도 그 바탕에 예악에 대한 판단을 담지하고 있다.

우리가 쉽게 생각할 수 있는 두 학파만 살펴보도록 하자. 먼저 노자老子와 장자莊子로 대표되는 도가道家는 '예'를 차꼬 (수갑)와 같다고 생각했다. '도가' 하면 떠오르는 명제가 있다. 바로 '무위자연無爲自然'이다. 이 명제는 곧 '인위적인 어떤 행위도 없이 자연의 순리에 따르라'는 주장이다. 왜냐? 노자와 장자가 보기에 오직 인간만이 문화, 즉 자연에 무엇인가 인위적인 행위를 가함으로써 새로운 어떤 것을 창출해 낸다. 그런데 그것은 자연의 순리를 거스른 것이다. 예는 인간이 스스로를 인간으로 표현할 수 있는 수단이 아니라 오히려 차꼬(수갑)와 같기 때문에 인간과 그 사회를 행복하게 만들어 주기는커녕 오히려 춘추전국과 같은 혼란만을 초래할 뿐이다. 그러므로 예를 폐기하고 '무위자연'해야 하는 것이다. 이처럼 도가는 예악을 없애 버리라는 태도를 보인다. 그래서 도가는 예악에 대한 '폐기주의'라고 말할 수 있다.

반면에 한비韓非(한비자)로 대표되는 법가法家는 예악 등이 너무도 부드럽고 연약한 조치요 제도라고 생각했다. 왜냐, 인간은 본디 나쁜 놈들이기 때문이다. 한비는 '성악性惡'을 주장한 순경荀卿(순자)의 제자였다. 순경은 유학자(비록 실패하긴 했지만)였기 때문에 예의 중요성을 강조했고, 또한 맹가(맹자)와 마찬가지로 세상의 모든 사람이 성인이 될 수 있다고 주장했다. 그가 성악을 주장한 것은 결코 인간이 본디 나쁜 놈이라는 사실을 밝히기 위해서가 아니라, 나쁜 쪽으로 쉽게 기울 수 있기 때문에 그것을 제어하기 위한 장치로 '예'를 주장하기 위함이었다. 그러나 한비는 성악을 곧이곧대로 받아들였다. 인간은 나쁜 놈이다. 나쁜 놈은 몽둥이가 약이다. 공포정치와 전제정치의 대명사로 치부되는 진시황이 가장 존숭하던 학자가 누구인가? 바로 한비이다. 한비의 책을 읽고서 그를 한 번 만나 보면 한이 없을 것이라고 말하기까지 했다. 진시황이 실시한 그 무시무시한 정책이 바로 한비 등에 의해 건립된 법가 사상에 근거한 것이다. 한비 등이 말하는 법은 결코 오늘날 우리가 생각하는 그런 법률이 아니다. 그것은 오로지 통치자의 입장에서 어떻게 하면 수월하게 인민들을 통제하고 자신들의 정책을 관철하여 국가를 이끌고 권력을 유지할 것인지에 대한 생각에서 출발한 것이다. 법가가 생각하기에, 예는 너무 물렁한 것이다. 나쁜 존재인 인간을 통제하기 위해서는 강력한 제재 수단인 법을 이용해야만 한다. 그래서 법가는 예에 대한 '강화주의'라고 말할 수 있다.

그렇다면 유가는 어떤가? 「부록」에서 자세히 설명하겠지

만 공구는 유儒, 즉 예생禮生이었다. 유儒는 본래부터 '예'(원래
는 하늘과 조상에 대한 제사를 지낼 때의 의식절차를 가리켰다)를 직업으
로 하는 전문가들이었다. 그러니 당연히 일단은 긍정적인 태
도를 지닐 수밖에 없었다. 또 다른 측면에서 보자면, 유가는
보통 보수주의자, 특히 '문화적 보수주의자'라고 일컬어진다.
'보수주의'라는 말에서 알 수 있듯이, 예에 대한 그들의 생각
과 태도는 일단 긍정적이다. 그래서 그들은 전통적인 견해를
받아들여 예라는 것의 의미를 '인간이 스스로를 인간으로 표
현할 수 있는 수단이요 방법'이라고 생각했다. 그런데 이런
유가의 입장은 여전히 중요한 문제를 노정한다. 예가 그런 의
미를 갖는다면, 어째서 '예괴악붕'의 현상이 일어났는가? '춘
추전국'으로 대표되는 혼란한 시대는 또 어째서 도래하게 되
었는가? 결국 '예'라는 것에 적어도 이론적으로라도 문제가
있는 것이 아닌가? 바로 그렇다. 공구도 다른 제자백가들과
마찬가지로 '예괴악붕'으로 인한 사회의 혼란상을 해결하려
했다. 그러나 그는 예 자체에 대해 긍정적인 태도를 견지했
다. 다만, 그 예를 근거 짓는 이론적인 토대에 문제가 있다고
생각하여 그것을 수정하고자 했던 것이다. 그래서 유가는 '개
량주의'라고 부를 수 있다.

## 공구가 말하는 예

앞에서 말한 것처럼 공구는 보수주의자요 개량주의자였다. 그가 생각하기에, 주나라 초기에 위대한 성인인 주공에 의해 이룩된 '예'는 앞선 두 왕조(夏와 商)의 문화 중에서 훌륭한 점만을 채택하여 이루어진 것이다. 그래서 공구는 "주나라의 문화는 하나라와 상나라를 근거로 하여 매우 찬란하구나! 나는 주나라를 따르겠다"[1]고 말했던 것이다.

이와 같이 훌륭한 예에 대해 공구는 여러 가지 의미를 부여했는데, 가장 넓게는 우리가 앞에서 살핀 것처럼 문화 전체를 대표한다. 예를 들어, "공구는 광匡 지역에서 그곳 사람들에게 핍박을 받은 적이 있다. 그때 그는 '문왕이 돌아가신 뒤에 모든 문화유산이 나에게 있지 않은가? 하늘이 만약 이 문화를 없애려 한다면, 나도 그것에 참여할 수 없을 것이다. 그러나 하늘이 이 문화를 없애려 하지 않는다면, 광 사람들이 나를 어찌할 것인가?'라고 말했다."[2] 원문에서 공구는 '문화유산'을 '문文'이라고 표현했지만, 앞에서 이미 지적한 것처럼 그 '문'이 곧 '예'요, '예'는 또한 '문화'를 가리킨다. 인용문에서 쉽게 읽히듯이, 공구는 자신이 학습하여 얻은 여러 문화유산,

즉 예에 대해 대단한 자부심을 지니고 있었다. 이건 건방진 오만이 아니라 말 그대로 문화적 자부심이요, 또한 사명감이다. 조상들이 이룩한 모든 문화적 유산을 내가 열심히 공부하고 습득하여 지금에 이르렀다. 이런 문화유산은 계속하여 유전할 것이다. 그렇다면 나는 죽지 못한다. 오직 내가 모든 것을 후손에게 가르치고 물려준 다음에야 눈을 감을 수 있을 것이다. 이러할진대 어떻게 이름 없는 조그만 동네의 사람들이, 그것도 단지 오해로 인해서(그들은 공구가 동네의 원수인 陽虎라고 잘못 알았다) 공구를 죽일 수 있겠는가?

이런 자부심과 사명감은 그의 제자들에게도 고스란히 전달되었다. 증삼과 같은 이가 대표적인 경우이다. 그는 "선비는 뜻이 크고 굳세지 않으면 안 된다. 책임은 무겁고 갈 길은 멀기 때문이다. 인仁을 실현하는 것이 임무이니 무겁지 않은가? 죽은 뒤에나 그칠 수 있으니 멀지 아니한가?"라고 말했다. 여기에서 말하는 '인의 실현'은 단순히 훌륭한 행위를 하는 정도에 그치는 것이 아니라, 앞 장에서 얘기한 '수기안인' '내성외왕'을 완성하는 것을 의미한다. 그렇기 때문에 막중한 임무요, 죽을 때까지 애를 쓰지 않을 수 없는 것이다. 이런 문화적, 나아가 정치적 사명감과 자부심을 지니고 그것을 실현하기 위해 노력하는 이만이 진정한 유학자인 것이다. 아, 정말 어렵고 멀구나, 선비가 되고 군자가 되는 길이여!

어허, 또 샛길로 빠졌다. 다시 주제로 돌아가자. 가장 넓게, 포괄적으로 표현할 때 '예'는 자연과 상대되는 개념인 문화이다. 그러나 그렇게 포괄적인 개념은 어떤 측면에서 볼 때 meaningless, 무의미하다. 자연 빼고 몽땅 다! 그게 무슨 의미가 있겠는가? 그래서 예는 좀 더 구체적으로 표현되기도 한다. 예를 들어 공구는 다음과 같이 말했다.

공손하되 예가 없으면 수고스러울 뿐이고, 신중하되 예가 없으면 두려워하게 되며, 용맹하되 예가 없으면 멋대로 행동하게 되고, 강직하되 예가 없으면 박절하게 된다.[4]

먼저 예악에 나아가 배우는 사람들은 여태 관리였던 적이 없는 일반 사람들이다. 예악을 나중에 배우는 사람은 경대부卿大夫의 자제들이다. 만일 내가 인재를 선발한다면, 먼저 예악에 나아가 배우는 이들을 쓸 것이다.[5]

총명함과 지혜로 관직을 얻고서도 인仁으로 그것을 지키지 못한다면, 관직을 얻었다 하더라도 분명 잃게 될 것이다. 총명함과 지혜로 관직을 얻고 인으로 그것을 지킬 수 있다고 하더라도 엄숙하지 못한 자세로 임한다면, 인민들이 공경하지 않을 것이다. 총명함과 지혜로 관직을 얻고 인으로 그것을 지킬 수 있으며 엄숙한 자세로 인민들에게 임한다 하더라도 예에 맞지 않게 그들을 동원한다면, 충분히 훌륭하다고 말할 수 없다.[6]

먼저 첫 번째 인용문을 생각해 보자. '공손하고 신중하며, 용맹하고 강직한' 성품과 행위는 정말 훌륭하다고 말할 수 있다. 그러나 예를 지키지 못하면 그런 훌륭한 행위도 '수고롭고 두려우며, 멋대로 행동하고 박절할' 뿐이다. 여기에서 알 수 있듯이, '예'는 인간의 여러 훌륭한 성품이나 행위로 하여금 가치와 의미를 갖게 만드는 하나의 기준이 된다. 다시 말해서, 훌륭한 인간만이 할 수 있는 기품 있고 우아한 행위를 표현하는 수단이요 방법인 것이다. 그렇기 때문에 두 번째의 인용문에서 비록 신분이 낮은 평민일지라도 그런 훌륭한 행위를 실천할 수 있는 사람을 선발하여 나라 일을 맡기겠다고 말한 것이다. 경대부의 자제들은 오히려 신분과 지위를 세습하기 때문에 기품 있고 훌륭한 행위에 익숙할 것 같지만, '예'와 같은 제대로 된 기준을 소홀히 하기 때문에 진정으로 우아하고 기품 있는, 즉 훌륭한 인간임을 스스로 표현해 내지 못하는 것이다. 세 번째 인용문에서는 '예'를 더욱 타이트하게 정의했다. 그것은 마치 오늘날의 법률이나 규율, 조리와 같다고 말할 수 있다. 따라서 통치자나 관리가 아무리 두뇌가 총명하고 인품이 뛰어나며 도덕적으로 훌륭하다고 하더라도 '예', 즉 이미 정해진 어떤 규율이나 법률을 어긴다면 아무 소용이 없다는 것이다.

정리하자면, 공구가 말하는 '예'는 크게 보면 자연과 상대되는 개념으로 문화라 일컬을 수 있지만, 조금 구체적으로 살펴보면 그것은 하나의 기준으로, 인간의 행위가 얼마나 훌륭한 것인지 판단하고 나아가 최종적으로는 모든 정치적 혹은 행정적 조치까지 평가하는 것으로 이야기될 수 있다.


## 예는 마음을 담아야 한다

이상에서 얼핏 보이듯이, 하나의 기준이기 때문에 '예'는 또한 형식이 중요하기도 하다. 그래서 "공구가 주공周公의 사당에 들어가면서 하나하나 모든 것을 물어보았다. 그러자 어떤 사람이 '공구가 예를 안다고 누가 말했는가! 주공의 사당에 들어가면서 하나하나 모든 것을 묻더구먼' 하고 말했다. 그 말을 듣고 공구는 '그렇게 하는 것이 예이다'라고 말했다."[7] 조금 안다고 나대는 것이 아니라 정해진 규율에 따라 일일이 묻고 그것에 따르는 것이 예의 적합한 행위이다.

이처럼 예는 한편으로 그 형식이 중요하기도 하다. 그러나 예가 어찌 형식에만 얽매이겠는가? 형식보다 중요한 것이 바로 그 근거인 마음이다. 그래서 공구는 여러 차례 다음과 같이 강조했다.

> 예에 대해 어쩌고저쩌고 말하는데, 옥이나 비단 같은 예물만 일컫겠는가? 음악에 대해 이러쿵저러쿵 말하는데, 종과 북 같은 악기만을 말하겠는가?[8]

> 오늘날의 효도는 부모를 잘 부양하는 것만을 말한다. 그러나 개나 말도 모두 잘 기를 수 있다. 공경하는 마음이 없다면, 부모를 모시는 것과 개나 말을 기르는 것을 어떻게 구별할 것인가?[9]

공구 당시의 사람들은 '예악'을 오로지 일종의 형식으로만 생각하는 경향이 있었던 것 같다. 그래서 '예악'을 말하면서 단지 예물이나 악기만을 언급하며 그것들이 어떤 형식으로 어떻게 사용되어야 하는지에 대해서만 이야기했다. 그러나 공구가 보기에 그것은 본말이 전도된 것이다. 마치 효도를 말하면서 단순히 '먹여 살리는' 것만을 강조한다면, 그것은 개돼지를 기르는 것과 다를 것이 없다. 부모님께서 어떻게 개돼지에 비견될 수 있단 말인가? 부모님을 모시는 것과 개돼지를 사육하는 것의 차이는 당연히 내 마음에 있다. 부모님에 대해서는 공경하는 마음이 있어야 하지만, 개돼지에 대해서는 그냥 아끼는 마음만 있어도 된다. 이처럼 예는 그 마음에 근거해서 표현되어야 하는 것이다. 공구는 이런 점을 자각했다. 그래서 그는 또 이렇게 말했다.

매월 초하루 종묘에 제사를 지냈는데, 제물로 양을 썼다. 자공子貢이 그 제물을 없애려 했다. 그러자 공구가 "자공아, 너는 그 양이 아까우냐? 나는 그 예가 아깝다"고 말했다.[10]

일반적인 예의에 대해 말하자면 화려하게 장식하여 낭비하는 것보다는 소박하고 검소한 것이 낫고, 상례에 대해 말하자면 의식절차가 세밀한 것보다는 애통해 하는 것이 낫다.[11]

물자를 아끼는 것은 결코 나쁜 행위가 아니다. 그러나 어떤 물건은 반드시 사용해야 한다. 종묘란 옛사람들이 가장 신성하게 생각하고 모시던 조상님들이 계신 곳이다. 그곳에 제사를 올리는 것은 후손으로서 너무도 당연하고 마땅한 일이다. 그런데 그때 사용하는 희생이 아깝다고 여길 수 있으랴! 공구는 후손으로서의 당연하고 마땅한 마음이 물자의 소중함보다 우선한다고 주장한 것이다. 그러나 그렇다고 공구가 형식에만 매달린 것은 결코 아니다. 오히려 그는 소박하고 검소한 것을 옳다고 여겼다. 다만 어떤 형식이나 절차 혹은 행위가 내가 지니고 있는 진정한 마음을 온전히 표현할 것인가가가장 중요하다. 따라서 그것은 어떤 경우 형식이라는 측면이 강조될 수도 있고, 거꾸로 형식보다는 그 마음의 표현이 강조될 수도 있다. 이런 문제에 대해 공구는 좀 더 자세하게 이야기한 적이 있다.

검은 삼베로 예모禮帽를 만드는 것이 전통적인 예에 따른 것이다. 그러나 요즘 사람들은 일반 실로 만든다. 이렇게 하면 절약도 하고 검소하기도 하니 나는 요즘 사람들을 좇겠다. 신하가 임금을 알현할 때, 먼저 당堂 아래에서 절하고 올라와서 다시 절하는 것이 전통적인 예에 따른 행위이다. 오늘날은 모두 올라와서만 절을 하는데, 이는 오만함이다. 비록 요즘 사람들과 다를지라도 나는 당 아래에서부터 절하는 전통적인 예를 따르겠다.[12]

모자는 다만 깨끗하고 단정하게 쓰기만 하면 되지 굳이 반드시 화려하고 값비싼 놈을 써야만 하는 것은 아니다. 그러나 자신의 공경하는 마음을 제대로 표현하기 위해서는 여러 차례 절하는 것이 옳지, 편하다고 당 위에서 한 번만 하는 것은 옳지 못하다. 그런 행위는 공경하는 마음이 부족한 것, 즉 교만이요 오만이다. 여기에서 우리는 공구가 중시하는 것이 무엇인지 분명하게 알 수 있다. 간단하게 말하자면, 형식은 언제든지 시대에 따라 얼마든지 바뀔 수 있지만 나 자신의 진실한 마음을 표현하는 데 부족하다면 아무리 검소하고 소박하다 하더라도, 아무리 많은 사람들이 따른다고 하더라도 전통적인 형식을 따르는 것이 옳다는 것이다. 그렇다면 우리는 어떻게 해야 자신의 진실한 마음을 표현했다고 자신 있게 말할 수 있고, 또 인정받을 수 있을 것인가? 다시 말해서, 어떤 사람들은 분명 당 위에서만 절하더라도 충분히 자신의 공경하는 마음을 표현할 수 있다고 생각할 수 있는 것이다.

## 예의 기준이 되는 의

이런 문제는 사실 예의 올바른 기준을 묻는 것이다. 공구는 이런 문제를 고려했을까? 당연히 고려했다. 공구는 철학자 아닌가! 철학자는 사상가와 다르다. 사상가는 단지 어떤 특정한 분야에 깊이 있는 견해를 가지고 있는 사람이지만, 철학자는 전 우주로부터 구체적인 인생에 이르기까지 논리적이고 체계적인 사고와 사상을 갖추고 있는 사람이다. 철학자인 공구가 제시한 기준이란 바로 '의義'이다.

> 군자는 어떤 사업에 대해서도 의를 원칙으로 하고, 예에 따라 그것을 실행한다.[13]

'예에 따라 그것을 실행한다'는 말은 예를 통해서 의라는 기준에 합당한 행위를 실행한다는 의미이다. 따라서 예는 의에 근거하며, 의에 의해 성립된다고 말할 수 있다. 의는 예의 기준이요, 예는 의에 따른 표현이다. 이러한 예를 통하여 모든 의식과 제도가 이루어진다. 따라서 그것들은 모두 의를 기준으로 하는 것이 된다. 다시 말해서, 의를 통해서 인간사회의 질서가 세워져야 하며, 그런 질서는 의를 기초로 이루어진다는 것이다.

그렇다면 이때 공구가 말하는 의란 무엇인가? 우리는 보통 '의로움'이라고 번역한다. 그런데 의로움은 또 무엇을 말하는가? 애매모호하다. 사실 그것은 인간으로서 마땅히 실천해야 하는 도리로, '정당성' '공정함' 등을 의미한다고 말할 수 있다. 공구가 말한 몇 가지 언급을 통해서 그런 의미를 쉽게 파악할 수 있다. 한번 살펴보자.

의로움을 보고서도 실행하지 않는다면 용기가 없는 것이다.[14]

세상 모든 일에 대해서 군자는 반드시 어떻게 해야 한다고 주장하지도 않고, 또한 반드시 어떻게 해서는 안 된다고 주장하지도 않는다. 오직 어떻게 해야 의로운지에 따라 그렇게 실천할 뿐이다.[15]

군자는 의로움에 밝고 소인은 이익에 밝다.[16]

덕을 닦지 못하고 학문을 익히지 못하며, 의로움을 알고도 실행하지 못하고 잘못한 것을 고치지 못하는 것 등이 모두 나의 근심거리이다.[17]

이익을 얻게 되면 그것이 의로운지 생각할 것이다.[18]

위의 인용문들에서 '의로움'으로 번역한 '의'에 '인간인 우리가 마땅히 실천해야 하는 행위'라는 의미를 부여하면 그 뜻이 더욱 분명해질 것이다. 예를 들어 첫 번째 인용문은 '인간인 우리가 마땅히 실천해야 하는 행위인데도 그것을 실행하지 않으면 그는 용기가 없는 사람이다'라는 의미가 될 것이고, 마지막 인용문은 '뭔가 이익이 되는 일이 생기면 그것이 나에게 정당한 것인지 살펴야 한다'는 뜻으로 풀이될 수 있다. 이처럼 '의'는 인간적인 도리에 합당한 '정당성' '공정함' 등을 나타내는 개념이다.

우리가 주의해야 하는 점은 이런 인간적인 도리에 합당한 '정당성' '공정함'이 바로 '예'의 기준이 된다는 사실이다. 다시 말해서, 예는 인간이 스스로를 인간으로 표현하는 수단이요 방법으로 시대와 상황 그리고 지역에 따라 다르게 나타날 수 있는데 그것이 온전한 역할을 수행하기 위해서는 바로 '의', 즉 인간적인 도리에 합당한 '정당성' '공정함'에 부합해야 한다는 것이다. 오직 '의'라는 기준에 부합하는 '예'만이 진정한 '예'인 것이다. (물론 仁義禮智로 대표되는 덕목을 말할 경우,

의에 해당하는 덕, 즉 훌륭한 행위는 별도로 정의될 수 있을 것이다. 여기에서는 이런 덕목을 말하는 것이 아니다.)

## 2) 인(예의 근거)

그러나 문제는 위에서 말한 것과 같은 '의'에 부합하던 주나라의 훌륭한 '예'가 무너지고 흩어져서 '춘추전국'과 같은 혼란한 시대가 되었다는 사실이다. 도대체 어째서 그렇게 훌륭한 예가 무너진 것인가? 혹시 예 자체가 마치 도가에서 말했던 것처럼, 인간 스스로 자신을 인간으로 표현하는 수단이나 방법이 아닌 단지 스스로를 옥죄는 올가미는 아닐까? 적어도 예 자체에 다른 어떤 치명적인 문제가 있는 것은 아닐까? 물론 문화보수주의자인 공구는 그렇게 생각하지 않았다. 다만 '춘추전국'과 같은 사회 현상의 최종적인 원인을 예의 근거가 잘못 이해되었기 때문이라고 생각했다.

**잘못된 예의 근거**

'예로써 하늘에 순종한다'(以禮順天)는 말에서 알 수 있듯이, 공구 이전에는 예의 근거를 천天, 즉 하늘에 두었다. 이때의 하늘은 앞 장에서 우리가 살펴본 것과 같은 기능과 작용만의 의미를 나타내는 개념이 아니다. 그것은 일종의 인격신적인 관념이다. 기실, 고대 중국에는 여러 가지 의미의 하늘이 있었다. 크게 보면 세 가지로 구분할 수 있다. 첫째 은나라 전시기와 주나라 초기까지 유행하던 '인격신'과 같은 의미의 하늘, 둘째 도가철학자들과 순경 등이 주장한 '자연' 혹은 '물리 세계'로 이해되는 하늘, 그리고 후대로 갈수록 더욱 많은 지지를 받게 되는 '형이상학적 원리' 내지는 '본체'로서의 하늘이 그것이다. 공구의 철학에는 이 세 가지 의미의 하늘이 모두 들어 있다. 이는 다른 말로 공구의 하늘 관념이 그때까지 명확하지 않았다는 의미이지만, 역시나 세 번째 의미의 하늘을 가장 강력하게 주장했던 것 또한 사실이다.

어쨌든, 공구 이전에 예는 인격신적 의미의 하늘에 의해 규정되었다. 이는 사실 정치권력의 정당성을 확보하기 위한 조치이기도 했다. 여러분도 분명 '천명天命'이라는 말을 들어봤을 것이다. '천명'이 무엇인가? 말 그대로 하늘의 명령이다. 그런데 그 내용은 또한 무엇인가? 요즘에야 어쩔 수 없는 숙명 같은 것을 나타내기도 하지만, 고대 중국에서 말하는 '천명'이란 이 세상을 관장하는 인격신과 같은 하늘이 자신을 대신하여 이 세상을 다스릴 민족을 간택하고 그들에게 정치적 권력을 이양함을 의미했다. 그래서 중국의 황제들은 또한 '천자天子', 즉 하늘의 아들이라고 불렸던 것이다. 마치 예수그리스도가 야훼 하느님을 대신하여 이 세상에 나셨던 것처럼.

그러나 인격신적 의미의 하늘이 아무리 위대할지라도 혹은 그의 권위가 얼마나 높다고 할지라도 우리 인간의 입장에서 볼 때 그것은 나와는 직접적으로 연계되지 않는 하나의 외재적인 존재에 불과하다. 왜냐? 고대 동양인들에게는 무로부터 무엇인가를 만들어 내는 '창조'의 개념이 없었으니까! 만일 유일신교에서 말하는 것과 같은 신이 계셔서 이 세상을 창조하셨고 그분이 어떤 명령을 우리 피조물들에게 내리셨다면, 그것은 당연히 우리와 직접적으로 연계되는 것이리라. 그러나 그런 유일신의 존재를 전혀 상정하지 않았을 경우에는 얘기가 완전히 달라진다. 마치 플라톤이 말하는 데미우르고스(dēmiourgos)처럼, 고대 중국의 하늘은 기껏해야 제작자였을 뿐이요, 기실 제작자에도 미치지 못하는 존재였다. 세상은 이미 이렇게 생겨났으며, 하늘은 단지 그 세상을 관장할 뿐이다. 그럼 누가 그런 권한을 하늘에 주었는가? 그건 아무도 모른다. 아니, 고대 중국인들은 그런 생각을 하지도 않았다. 왜?

관심이 없었으니까! 앞에서 얘기했던 것처럼, '살아 있을 때 잘 먹고 잘 사는 것이 가장 중요한 일이다.' 동양철학을 가장 쉽게, 구수하게, 사실은 천박하게 묘사하면 이렇게 된다. 공구가 죽음이나 귀신에 대해 언급하지 않았던 일도 이런 이유 때문이다. 사후 세계에 대한 두려움이 없을 수 없겠지만, 더욱 중요한 것은 살아 있을 때의 삶이었던 것이다.

우리와 직접적으로 연계되지 않는 하늘에 의해 규정된 것이라면, 예가 아무리 훌륭한 것일지라도 그것은 외재적인 것이요, 따라서 쉽게 형식적인 것으로 변질될 수도 있고 결국 우리를 옥죄는 올가미가 될 수도 있는 것이다. 쉬운 예를 들어 보자. 요즘은 상황이 많이 좋아졌다고는 하지만 군대는 여전히 군대일 것이다. 군대에서는 후임병이 선임병에게 혹은 하급자가 상급자에게 거수경례를 한다. 경례는 하나의 형식일 뿐이지만, 그것으로 인해 군대라는 조직사회가 지탱되는 측면이 있다. 따라서 그것은 단지 형식일 뿐만 아니라 질서의 표현이기도 하다. 그러나 그 질서라는 것이 알고 보면 얼마나 사상누각인가? 다른 사람들은 어떨지 모르겠지만, 적어도 나와 같은 놈은 선임병에 대한 존중과 공경을 표현하기 위해 경례한 것이 아니었다. 단지 하지 않으면 쥐어박히니까 어쩔 수 없이 손을 들어 경례할 뿐이었다. 존중과 공경은커녕 어떤 녀석은 쥐어박고 싶은데, 무슨 놈의 경례! 이럴 때의 경례는 내가 군인임을 표현하는 훌륭한 수단이 아니라, 오히려 나를 귀찮게 하고 옭아매는 밧줄과 같은 것이 될 뿐이다. 이와 마찬가지로, 아무리 뻔지르르한 '예'라 하더라도 단지 외재적인 어떤 역량에 의해 강제되는 것이라면, 그것은 우아하게 자신을 인간으로 표현해 내는 방법이 아니라 인간을 옭아매어 질식시키는 도구에 불과할 뿐이다. 바로 이런 깨달음이 공구를 위대한 철학자로 만든 것이다. 예의 근거에 대한 자각이 바로 공구를 '공자님'으로 격상시킨 것이다.

## 어진 사람과 정치적 목표

주지하다시피, 공구하면 먼저 생각나는 개념이 있다. 그렇다. 바로 '인仁'이다. 이 '인'이 곧 공구가 '하늘'을 대신하여 제시한 '예의 근거'이다. 그래, 그렇다면 그 '인'이란 무엇인가? 공구 이전에는 없었는데, 공구가 발명해 낸 것인가? 물론 아니다. 유儒가 공구의 창조물이 아닌 것처럼, '인' 또한 공구 이전에 이미 있던 개념이다. 다만 인문적 깨달음에 따라 그 개념을 새롭게 정의하고 규정함으로써 '예의 근거'가 되게 만들었을 뿐이다.

우리는 '인'을 보통 '어질다'라고 푼다. 맞다. 그러나 공구가 말하는 '인'은 결코 '어질다'라는 한 마디 말로 그 전체를 표현해 낼 수 없다. 그렇다면 그의 '인'은 어떻게 이해해야 하는가? 당연히 그가 설명하는 말에 근거하여야 할 것이다. 우리 천천히 한번 들어보자. 먼저 공구는 다음과 같이 말했다.

널리 사람들을 사랑하고 어진 사람과 친하게 지내야 한다.[19]

어진 사람은 분명 용기가 있지만, 용감한 사람이 반드시 어진 것은 아니다.[20]

어진 사람은 근심하지 않고, 지혜로운 사람은 의혹하지 않으며, 용감한 사람은 두려워하지 않는다.[21]

미자微子는 떠나 버렸고, 기자箕子는 노예가 되었으며, 비간比干은 간언하다 죽었다. 공구는 "은나라에 세 분의 어진 사람이 있었다"고 말했다.[22]

위의 말들에서 쉽게 알 수 있듯이, 여기서 말하는 '인'은 사람, 즉 '인'을 실천하는 '어진 사람'을 가리킨다. 이런 의미는 좀 특별하다. 『논어』 전체에서 이런 용법은 겨우 몇 번 나올 뿐이기 때문이다. 따라서 '인'의 이런 특별 용법은 중요한 의미를 갖지 않는다. 다른 한편으로 공구는 또 이렇게 말했다.

설령 훌륭한 임금이 나타날지라도 반드시 한 세대는 지나야 인이 실현될 것이다.[23]

인민들에게 인은 물이나 불보다 더 중요하다.[24]

여기에서 말하는 '인'이 단순히 '어질다'라는 뜻만이 아니라는 사실은 쉽게 간파할 수 있다. 그것은 정치적인 의미를 갖는 것으로, 가장 간단하게 말하자면 '인정仁政'이라고 부를 수 있을 것이다. '인정'에 대해 우리는 다음 절에서 자세하게 헤아려 볼 것이다. 여기서는 공구가 말하는 '인'의 개념 안에 이미 정치적으로 추구하는 목표로서의 의미도 포함되어 있음을 확인하고 넘어가면 될 것 같다.

## 인함을 평가하는 엄격성

기실, 공구는 어떤 개인에 대해 좀처럼 '인하다'고 인정하지 않았다. 예를 들어, 그는 "훌륭하구나(賢), 안회여! 형편없는 식사를 하고 누추한 골목에서 살게 되면 일반 사람들은 그 곤궁함의 걱정을 견뎌 내기 어려운데, 안회는 스스로 갖게 된 즐거움을 잃지 않으니 훌륭하구나, 안회여!"[25]라고 말했다. 안회는 바로 공구가 자기보다 훨씬 낫고, 그 어떤 제자보다도 뛰어나다고 극찬한, 그래서 그가 먼저 죽었을 때 하늘이 무너진 것 같다고 애통해 하던 바로 그 안연이다. 그런데도 그는 겨우 '훌륭하다'고 칭찬할 뿐, '인하다'고 인정하지 않았다. 이런 예는 무수히 많다. 몇 가지를 살펴보면 다음과 같다.

어떤 이가 "옹雍(仲弓)은 인하지만 말재주가 없다"고 말하자 공구는 "말재주를 어디에 쓰겠는가? 현란한 말재주로 다른 사람과 변론하면 미움을 받을 뿐이다. 옹이 인한 줄은 모르겠지만, 어째서 말재주를 부리겠는가?"라고 말했다.[26]

맹무백孟武伯이 "자로는 인합니까?"라고 묻자 공구가 "모르겠다"고 대답했다. 다시 묻자 "자로는 제후의 나라에서 군사업무

를 담당할 만하지만, 그가 인한지는 모르겠다"고 말했다.[27]

자장子張이 "초나라의 집정자 자문子文은 세 차례나 집정자가 되어서도 기뻐하는 기색이 없었고, 매번 그 직무를 그만둘 때도 언짢은 기색 없이 자신이 맡았던 정사를 새로운 집정자에게 알려 주었습니다. 그는 어떻습니까?" 하고 물으니 공구는 "충성스럽다"고 대답했다. "인하다고 할 수 있습니까?" 하고 물으니 "모르겠다. 어찌 인하다고 할 수 있겠느냐?"라고 말했다.[28]

원헌原憲이 "이기기를 좋아하고 스스로를 자랑하며, 다른 사람을 원망하고 탐욕을 부리는 등과 같은 나쁜 행위를 하지 않는다면, 인하다고 할 수 있습니까?" 하고 묻자, 공구는 "실천하기 어려운 일이니 훌륭하다고 말할 수는 있지만, 인하다고 말할 수 있을지 모르겠다"고 대답했다.[29]

공구가 보기에, 현란한 말재주를 부릴 줄 아는 사람은 말할 것도 없고, 능히 한 국가의 국방부 장관을 담당할 수 있는 사람, 재상의 임무를 묵묵히 훌륭하게 수행해 내는 사람, 나아가 도덕적으로 어느 정도 수준에 오른 사람까지도 아직 '인하다'고 평가할 수 없다. 그렇다면 도대체 어떤 사람이어야 비로소 '인하다'고 평가할 수 있을까? 아니 그보다도, '인'이란 도대체 무엇인가? 이런 질문에 답하기 위해서도 역시 공구의 이야기를 직접 살필 수밖에 없다.

## 인에 대한 제자들과의 문답

예의 적확한 근거로 공구는 '인'을 제기하고 또한 강조하였다. 따라서 그 제자들이 그것에 관해 자주 질문했을 것은 자명하다. 『논어』에 나오는 내용만 정리해도 다음과 같은 몇 가지 질문과 대답이 오갔다.

안연이 인에 대하여 묻자, 공구는 "자신의 사특한 욕망을 극복하고 스스로를 훌륭한 인간으로 표현하는 예를 실천하는 것(克己復禮)이 인이다"라고 말했다.[30]

중궁仲弓이 인에 대해 묻자, 공구는 "문을 나가서는 귀한 손님을 맞는 듯이 신중하게 행동하고, 백성에게 어떤 일을 시킬 때는 큰 제사를 모시듯이 조심스럽게 하며, 자기가 하고 싶지 않은 일을 다른 사람에게 시키지 마라. 그러면 나라에도, 집안에도 원망하는 사람이 없을 것이다"라고 말했다.[31]

사마우司馬牛가 인에 대해 묻자, 공구는 "인한 사람은 참을 줄 알아서 쉽게 입을 열지 않는다"고 말했다.[32]

번지樊遲가 인에 대해 묻자, 공구는 "사람을 사랑하는 것이다"라고 말했다.[33]

번지가 인에 대해 묻자, 공구는 "평소에 용모와 태도는 단정하고 장엄하게 하며, 일을 할 때는 경건하고 진지하게 하며, 다른 사람과 교제할 때에는 정성스러워야 한다. 이런 품격은 문화수준이 떨어지는 지방에 간다고 하더라도 버려서는 안 되는 것이다"라고 말했다.[34]

자공이 어떻게 해야 인을 실천할 수 있는지 물었다. 공구는 "기술자가 자신의 일을 잘하기 위해서는 반드시 먼저 연장을 다듬어야 한다. 마찬가지로 어떤 나라에서 살게 되면, 그 나라의 대부 중에서 현명한 이를 섬기고, 선비 중에서 인한 이와 교제해야 한다"고 말했다.[35]

자장이 공구에게 인에 대해 물었다. 공구는 "어디에서나 다섯 가지 덕목을 실천할 수 있다면 인한 사람일 것이다"라고 말했다. 그러자 자장이 "그 다섯 가지 덕목이 무엇인지 알려 주십시오"라고 요청했다. 공구는 "공손함과 관대함, 믿음과 민첩함 그리고 자혜慈惠이다. 공손하면 모욕을 당하지 않고, 관대하면 많은 사람의 지지를 얻으며, 믿음직스러우면 사람들이 임용할 것이고, 민첩하면 공적을 쌓을 수 있으며, 자혜로우면 사람을 부릴 수 있다"고 말했다.[36]

많은 제자들이 동일한 질문을 던졌다. "인이 무엇입니까?" 그런데 공구의 대답은 한결같지가 않다. 사람에 따라 이 소리도 했다가 저 소리도 했다가, 좀 줏대가 없는 것 같기도 하다. 그러나 바로 이런 교육방법이 훌륭한 선생님들의 공통된 특징이다. 유식한 말로 하면 '인재시교因材施敎', 즉 대상에 따라 그에게 적절한 수준과 방법으로 교육을 실시하는 것이다. 똑똑하고 재주가 있지만 말 많고 성급한 사마우에게는 '쉽게 입을 열지 않는' 것이 인이라고 알려 주고, 성실하지만 지적 능력이 조금은 떨어지는 번지에게는 간단명료하게 다른 '사람을 사랑하는 것'이 인이라고 가르친다. 노나라와 위나라의 재상을 지낸 자공이 인의 실천방법을 묻자, 그의 관심에 따라 정치적인 처신과 입신방법을 기술자와 도구의 관계를 비유로 들어 설명했다. 이처럼 공구는 모든 훌륭한 선생이 그러하듯,

"인이 무엇인가"라는 동일한 질문에 대해 대상과 시기에 따라 다른 교육방법과 내용으로 가르쳤다.

그러나 그렇다고 해서 공구의 모든 대답과 그 내용이 전혀 귀납되지 않는 것은 아니다. 다시 말해서, 최소한의 공통분모를 찾을 수 있다는 말이다. 그것이 무엇인가? 위 인용문들에서 보이는 가장 기본적인 특징은 "인이 무엇인가?"라는 질문에 대해 결코 정의定義를 내리는 것처럼 대답하지 않는다는 점이다. '정의'란 어떤 것인가? 마치 소크라테스가 그랬던 것처럼, 어떤 대상을 다른 것들과 구분하고 대비시켜 분명하게 드러내는 작업이다. 서양에서는 학문의 가장 기본적이며 중요한 연결고리이다. 그러나 동양에서는 거의 그렇지 않았다. '정의'를 내리는 경우가 전혀 없던 것은 아니지만, 상당히 드문 일에 속하는 것만은 분명하다. 이유가 뭘까? 간단하다. 머리로 이해하는 것이 중요하지 않았기 때문이다. 서양에서는 머리로 이해해야 실천할 수 있는 것으로 생각했지만, 동양에서는 머리가 필요하지 않았다. 오히려 감수感受, 즉 느끼는 것이 훨씬 중요하다고 생각했다. 목표하는 바가 서로 달랐기 때문이다. 그러므로 서양에서는 먼저 분명히 알아야 했지만 동양에서는 이상적인 인격을 갖추는 것에, 즉 성인이 됨에 머리로 이해하는 것이 그다지 중요하지 않을 수 있었던 것이다. 그래서 '정의'와 같은 엄격한 학문적 행위가 조금 덜 발전했다. 그러나 그것이 커다란 결함이 되는 것은 아니다.

다시 인용문의 내용을 귀납하는 문제로 돌아가자. 공구의 대답에서 중요하게 등장하는 개념은 거의 대부분 훌륭한 행위를 이루는 덕목이다. '극기복례'라든지, '신중' '조심', 다른 사람의 입장과 마음을 자신에 비추어 헤아리는 역지사지易地思之하는 '서恕', 혹은 '단정' '경건' '정성', 그리고 '공손함' '관대함' '믿음' '민첩함' '자혜' 등과 같은 것들이다. 그런데 이런 덕목들이 곧 '인'은 아니다. 다만 '인'을 완성하는 방법들 중의 하나일 뿐이다. 따라서 우리는 제자들의 질문에 대한 공구의 대답을 '인을 완성하는 여러 방법 혹은 과정'이라고 말할 수 있을 것이다. 공구가 이렇게 대답한 까닭은 위에서 이미 설명했다. '인'을 정의하는 것보다 그것을 실천하는 것이 중요하기 때문이요, '인재시교'했기 때문이다. 결국 우리는 공구가 말하는 '인'에 대해 명확한 개념적 정의를 내릴 수 없다는 말인가? 물론 그렇지는 않다. 결정적인 귀납과 분석을 통해서 정의할 수 있다. 이제 해 보자.

## 인은 곧 훌륭한 행위

결론부터 말하면, 공구의 인은 우선적으로 모든 훌륭한 행위를 전부 포괄하는 개념이다. 바꿔 말하자면, 모든 훌륭한 행위는 전부 '인'에 포섭된다. 그리고 여기에서 말하는 훌륭한 행위에는 비단 도덕적인 내용, 즉 착한 행위만 포함되는 것이 아니라 인민들의 생활을 편안하고 쾌적하게 만드는 공리적인 내용, 즉 유익함까지도 포함된다. 이런 측면을 이해하는 것이 매우 중요하다. 그래야만 유학에 대한 불필요한 오해를 피할 수 있기 때문이다.

그럼 먼저 도덕적으로 훌륭한 행위, 즉 모든 덕목을 포괄하는 '인'이 어떻게 설명되는지 살펴보자. 공구가 보기에, "강직함, 의연함, 질박함, 말의 신중함 등은 인에 가깝다."[37] 따라서 "듣기 좋게 교묘히 꾸민 말을 떠벌리고 사람 좋은 표정만 잘 드러내는 짓에는 인이 드물다."[38] 주변의 조건이나 정황에 따라 원리 원칙을 변경하지 않고 그대로 밀고 나가는 행위, 꾸밈없이 솔직한 행위 그리고 함부로 떠벌리지 않는 행위는 도덕적으로 훌륭한 것이다. 반대로 가식적으로 미사여구를 동원하고 억지웃음을 보이는 것은 야비한 행위이다. 아이고,

이래서 공자님 말씀이라고 하는구먼! 너무도 당연한 말씀 아닌가! 그렇다. 공구가 뭐 그리 어려운 말을 하는 것이 아니다. 항상 너무도 당연해서 시시하기까지 한 얘기를 열심히 하는 것이다. 그런데 문제는 우리가 그것을 자각하지 못한다는 데 있다. 자각하지 못하니 당연한 얘기도 어렵게 느끼는 것이다. 쉬운 예로 '살신성인殺身成仁'이라는 유명한 이야기의 전모를 살펴보자.

> 원대한 뜻을 지닌 선비와 인한 사람은 삶을 탐하고 죽음을 두려워해 인을 해치지 않는다. 오히려 자신을 희생해서 인을 완성한다.[39]

어? 이건 쉽지 않겠는데…… 세상에 누가 죽음을 두려워하지 않고 삶을 바라지 않을쏜가? 그렇다. 우리 보통 사람들은 모두 죽음을 두려워하고 살아남길 바란다. 생명을 가지고 있는 존재라면 어찌 그렇지 않을 수 있겠는가? 그러나 그것은 본능적인 삶이다. 인간이 인간인 까닭 중의 하나는 본능을 극복할 수 있다는 데 있다. 이것을 자각해야 한다. '원대한 뜻을 지닌 선비와 인한 사람'은 사람다운 사람, 이상적인 사람 그래서 결국 훌륭한 사람, 자각한 사람을 의미한다. 결코 우리들 보통 사람을 가리키지 않는다. 오직 자각한 사람들만이 본능을 극복하고 훌륭한 행위, 즉 도덕적인 행위를 완성할 수 있다. 그러나 주의할 것은, 이런 예는 최후의 이상일 뿐이지 모두가 그렇게 해야만 하는 가장 기본적인 요구가 아니라는 점이다. '자신을 희생해서 인을 완성하는' 일은 인간 최고의 행위이지 결코 기본 조건이 되는 행위가 아니다. 내가 말하는 자각에는 이런 내용이 포함된다. 따라서 아무한테나, 아무 때나, 어디서든 목숨을 내놓으라고 요구할 수 없는 것이다. 공구는 결코 그런 것을 요구하지 않았다.

그나저나 하나뿐인 목숨까지 내놓고 인을 완성할 정도라면, 그 사람의 행위란 얼마나 훌륭한 것인가! 이처럼 '인'은 기본적으로 '훌륭한 행위' 혹은 '도덕적인 실천'을 의미한다. 여기에서 말하는 '훌륭한 행위' '도덕적인 실천'이란 우리가 앞에서 살펴본 것처럼 '의'에 따른 '예'의 실행이다. 다시 말하면, '공정'하고 '정당'하며 '인간적인 도리'에 맞는 예의를 실행한다는 것이다. 그래서 공구는 또한 "오직 인한 사람만이 다른 사람을 좋아하거나 미워할 수 있다"[40]고 말했다. 훌륭한 행위는 인간적인 도리에 맞는 것이기 때문에, 그 기준에 따라 다른 사람의 선행을 칭찬하거나 잘못을 비판할 수 있는 것이다. 마찬가지로 "부자가 되고 높은 지위에 오르는 것은 누구나 바라는 일이다. 그러나 정당한 방법으로 얻지 못한다면, 군자는 그것을 받아들이지 않는다. 빈궁하고 천한 것은 누구나 싫어하는 바이다. 그러나 정당한 방법으로 벗어나지 못한다면, 군자는 그것에서 떠나지 않는다. 군자가 인을 버린다면 어떻게 군자일 수 있겠는가? 군자는 밥 먹는 동안에도 인을 떠나지 않고, 아무리 바쁜 경우에도 인과 함께 하며, 더없이 어려운 처지에서도 인과 함께 한다."[41] 여기에서 말하는 '군자'도 결코 보통 사람이나 단지 지위가 높은 사람만을 가리키지 않는다. 그는 목숨을 내놓고서라도 최고의 이상을 실현하려는 사람이다. 그런 사람이 '인간적인 도리'에 어긋나거나, '정당' 혹은 '공정하지' 못한 재물로 부자가 되고 높은 자리에 오르려 하겠는가? 당연히 턱도 없는 일이다.

그렇다면 우리 같은 보통 사람은 어쩌란 말인가? 공구는 또한 "사람의 잘못에도 각각의 종류가 있다. 그가 잘못한 내용을 보면 인한지의 여부를 알 수 있다"[42]고 말했다. 이는 사실 엄격하게 인을 요구하지 못할 경우에 노력 여부에 따라 그 행위를 판단한다는 의미이다. 비록 훌륭한 행위를 완성하지 못했다 하더라도 그렇게 노력했다는 점을 파악할 수 있다면 이미 상당히 긍정적이라는 뜻을 포함하고 있다. 그래서 공구는 또한 "진실로 인을 실천하기로 결심하면, 최소한 악한 일은 하지 않게 될 것이다"[43]라고 말했다. 그의 의도는 여기에서 분명하게 드러난다. 인, 즉 인간적인 도리에 따른 '훌륭한 행위'는 일종의 이상이다. 우리 보통 사람들은 그 이상을 지향하기만 해도 이미 최소한 인간적인 도리에서 벗어난 '못된 짓'으로부터는 해방될 수 있다. 이것이 현실적으로 공구가 직접적으로 기대한 효과일 것이다.

## 인은 또한 공익

이처럼 공구가 제기한 '인'은 모든 '훌륭한 행위'를 포괄하는 개념이자 최고의 이상으로 목숨을 걸고라도 실현하려 노력해야 하는 목표이기도 한 동시에, 또한 북극성과 같이 우리에게 방향을 인도하는 역할을 하는 덕목이기도 한 것이다. 그러나 공구에게 이런 측면의 '인'만이 강조되는 것은 아니다. 동일한 무게로 '공익'의 측면이 부각되기도 한다.

제환공齊桓公이 여러 차례 제후들 사이의 동맹을 이끌어 내고

전쟁을 멈추게 한 것은 모두 관중管仲의 역량이다. 이것이 바로 관중의 인이다.[44]

관중은 환공을 보필하여 제후 중의 패자가 되게 하였으며, 세상의 모든 것을 바로잡아 오늘날까지 인민들이 그 은혜를 입고 있다. 만일 관중이 없었다면, 우리는 머리를 흩뜨리고 옷매무새를 제대로 하지 못하는 미개민족이 되었을 것이다. 설마 관중마저도 일반 백성과 마찬가지로 작은 신의에 매달려 도랑에서 목매 죽어도 아는 사람이 없어야 하겠는가?[45]

관중은 어떤 인물이었던가? '관포지교管鮑之交'로 유명한 바로 그 관중이다. 그는 본래 동생인 환공(이름은 小白)을 모신 것이 아니라, 그의 형인 공자 규糾를 보필했다. 그런데 먼저 제나라에 귀국한 환공이 권력을 잡고 규를 죽이자, 규의 다른 막료였던 소홀召忽은 규를 따라 죽었는데, 관중은 따라 죽지 않았을 뿐만 아니라 포숙아의 천거로 환공의 막하에 들어갔다. 이를 두고 자로가 관중을 인하지 않다고 비난하자 공구가 위와 같이 대답한 것이다.

공구가 관중을 인하다고 평가한 까닭은, 관중의 여러 정치적 조치들이 넓게 보면 앞에서 살펴본 '훌륭한 행위'에 해당하기 때문이다. 제후들로 하여금 전쟁을 멈추고 화평을 유지하도록 한 것, 그리하여 힘없는 인민들이 더 이상 병졸이나 부역으로 고달픈 삶을 살지 않아도 되도록 만든 것이 바로 '훌륭한 행위'인 것이다. 나아가 미개한 원시상태에 빠지지 않고 상당한 문화적인 생활을 영위하도록 만들어 준 것도 관중의 '훌륭한 행위'의 결과이기 때문에, 그를 '인하다'고 인정한 것이다. 이처럼 '공익'의 입장에서도 '인'을 이해할 수 있다. 보다 근본적으로 살펴본다면, 기억하시는가? 앞 장에서 우리는 공구의, 그리고 모든 유학자의 꿈, 이상이 '수기안인' 혹은 '내성외왕'이라고 했다. 공구는 바로 '안인'과 '외왕'의 측면에서 관중의 업적을 인정한 것이다. '인'의 이런 측면을 이해하지 못하면 다음과 같은 공구의 주장을 곡해하지 않을 수 없을 것이다.

> 높은 자리에 있으면서 인하지 않은 자가 있을 수 있지만, 미천한 사람이 인한 경우는 없다.[46]

만일 위의 주장을 단지 '인'이란 오직 '도덕적으로 훌륭한 행위'라는 입장에서 파악한다면, 공구는 지독한 엘리트주의자요 오만한 수구守舊 반동분자일 수밖에 없을 것이다. 지위가 높은 사람만 훌륭할 수 있고 인민들은 짐승 같다는 말로 오해할 수 있기 때문이다. 그러나 우리는 '인'이 '공익'을 의미하기도 한다는 사실을 알기 때문에 위의 주장을 자연스럽게 받아들일 수 있다. "위정자는 공익을 도모할 수 있고, 또 해야 하는데 그렇지 못한 인간들이 있다. 그러나 일반 인민들은 자신의 삶만을 보살필 뿐이다. 그러므로 그들은 공익을 도모하지 않는다." 당시의 인민들은 정말 먹고 살기 힘들었을 것이다. 그런 입장을 충분히 인정하는 주장인 것이다.

그러나 우리는 기억한다. 공구가 '인하다'는 평가에 매우 각박했다는 사실을! 어째서 유독 관중에게는 그렇게 관대했을까? 그만큼 인민들의 삶을 중시했다는 의미일 것이다. 관중의 개인적인 행위를 평가할 때 공구는 매우 엄중한 잣대를 적용했다. 예를 들어, "공구는 '관중의 그릇이 작구나!'라고 말했다. 어떤 사람이 '관중은 검소했습니까?' 하고 물으니, 공구는 '관중에게는 세 나라에서 시집온 아홉 명의 여자가 있었고, 관리를 두어 일을 분담시키고 겸하지 않게 했다. 어떻게 검소하다고 평가할 수 있겠는가!'라고 대답했다. 다시 '그렇다면 관중은 예를 알았습니까?' 하고 물으니, 공구는 '임금만 세울 수 있는 새문塞門을 관씨도 세웠고, 두 나라 임금의 우호를 다지기 위해 술잔을 올려놓는 반점反坫을 관씨도 두었다. 관씨가 예를 안다면, 누가 예를 모른다고 말할 수 있겠는가!'라고 대답했다."[47] 공구가 보기에, 관중은 검소하지도 않고 예의도 모르는 인물이었다. 그러나 그렇다고 해서 그의 정치적 업적을 폄하해서는 안 된다. 이런 객관적 인물평가야말로 오늘날 우리에게도 반드시 필요한 태도요 합리적인 모습이라고 말할 수 있을 것이다.

## 도덕주체성

이상에서 살펴본 것처럼, 인은 대부분 도덕적으로 혹은 공익적인 측면에서 훌륭한 행위를 포괄하는 개념이다. 한마디로 인이란 덕행이다. 비록 공구처럼 명확하지는 않았지만, 이런 의미는 그 이전에 이미 그렇게 사용되고 있었다. 하지만 우리가 관심을 가지고 있는 '예의 근거'로서는 거의 의미가 없다. 왜냐하면 덕행이라는 의미에서의 인은 예를 근거 짓는 것이 아니라 예를 실천한 것이기 때문이다.

그렇다면 어떻게 인이 예의 근거가 될 수 있다는 말인가?

공구는 이렇게 말했다.

사람인데도 인하지 않다면 예는 해서 무엇 하겠는가? 사람인데
도 인하지 않다면 악은 해서 무엇 하겠는가?[48]

여기에서 말하는 '예'와 '악'은 단순한 예의범절과 음악만
을 가리키지 않는다. 그것은 넓게, 사회제도와 나아가 문화까
지도 의미하는 것이다. 문화가 무엇인가? 바로 사람을 사람으
로 표현할 수 있는 훌륭한 수단이요 방법이다. 오직 인간만이
문화를 창조하고 누릴 수 있기 때문이다. 그런데 우리 공구는
그런 의미를 지닌 문화가 '인'에 근거하지 않는다면 의미가
없다고 주장한다. 그 이유는 다음과 같다. "인을 실천하는 것
은 본인이다. 남에 의해 실천할 수 있겠는가?"[49] 위에서 살펴
본 대로 인의 대부분의 의미는 훌륭한 행위이다. 그런 훌륭한
행위는 누가 시켜서 완성되는 것일 수 없다. 남이 시켜서 실
현한 것이라면, 그것이 아무리 훌륭하다고 해도 타율적이요,
그래서 의미와 가치를 상실할 수밖에 없다. 원숭이나 돌고래
가 보여 주는 재주를 생각해 보라! 그런 짐승들이 아무리 인
사를 하고 박수를 치고 훌륭해 보이는 행위를 한다고 하더라

도, 우리는 결코 그것을 의미 있고 가치 있는 행위로 인정하지 않는다. 그냥 재주일 뿐이다. 의미를 갖고 가치가 있는 행위는 모두 자발적이요 주체적이며 능동적인 것뿐이다. 그러므로 공구의 주장은 예악이라는 훌륭한 행위도 인이라는 능동적이고 주체적 근거에서 말미암지 않는다면 아무 의미도 가치도 없다는 말이다. 여기에서 우리는 공구의 인이 곧 우리의 능동성이요 주체성임을 간접적으로 확인할 수 있다.

공구는 한 걸음 더 나아가 과감하게 이렇게 주장하기도 했다.

인이 멀리 있는가? 내가 인하고자 하면 그 인이 곧 이르게 된다.[50]

이 말을 좀 풀어서 설명해 보면 이렇게 될 것이다. "도덕적으로 훌륭한 행위라는 것이 정말 그렇게 어려울까? 아니다. 내가 그런 행위를 하려고 마음만 먹는다면, 바로 그런 훌륭한 행위를 실현할 수 있다." 우와~ 우! 정말? 그렇게 간단하게? 도저히 믿기지가 않는다. 훌륭한 행위는 정말 어려운 것 아닌가? 뭐, 성인 같은 사람이나 가능한 것 아닌가? 물론 늘 언제 어디서나 훌륭한 행위를 실현할 수 있는 사람은 성인일 것이다. 그러나 우리도 인생을 살아가면서 한 번쯤은, 아니 몇 번쯤은 훌륭한 행위를 해내지 않는가!

아주 쉬운 예를 들어 보자. 나는 집이 수원인데, 가는 동안 쉬기 위해 강의하는 대학까지 주로 대중교통을 이용해서 다닌다. 강의가 끝나면 녹초가 되기 때문에 가능하면 자리에 앉아 가려고 한다. 그런데 운수 사나운 날에는 힘들게 자리를 하나 차지하고 앉자마자 할머니 할아버지께서 내 앞으로 오시는 경우가 있다. 그럼 살짝 갈등을 한다. 에구구, 내 머리도 하얀데, 몇 시간을 떠들고 나서 무지 피곤한데…… 이런저런 핑계를 생각하지만, 그래도 내 마음은 불편하기만 하다. 아마 나뿐만 아니라 여러분도 대부분 그럴 것이다. 이런 불편한 마음을 벗어나는 방법은 하나밖에 없다. 그렇다. 몸이 좀 힘들어도 일어나 어른들께 자리를 양보하는 것이다. 이렇게 하면 마음만 편안해지는 것이 아니라, 더불어 도덕적으로도 훌륭한 행위를 실천한 것이 된다. 자, 이제 우리 생각해 보자. 자리에서 일어나 자리를 양보하는 행위에 복잡한 절차나 다른 어떤 힘겨운 과정이 있는가? 없다. 오직 내 몸의 피곤함을 이기려는 의지만 있다면 이른바 훌륭한 행위를 곧바로 실천할 수 있다.

공구의 주장은 사실 이와 같이 간단하고 분명하다. 좋다. 그깟 자리 양보쯤이야 쉽게 할 수 있다고 치자. 그렇지만 만일 누군가 상상할 수도 없는 돈(1조 원쯤?)을 주면서 내게 무엇인가 부정한 짓을 하라고 하면, 그렇게 쉽게 뿌리칠 수 있을까? 아마 대부분의 사람들이 그렇게 못할 것이다. 맞다. 지금이 글을 쓰고 있는 나도 그렇게 할 수 있을지 의심스럽다. 그러나 우리가 이상적인 인간을 꿈꾼다면, 그래서 자유를 누리고 싶어 한다면 아마 그렇게 할 수도 있을 것이다. 다시 말해서, 공구가 도달하고자 했던 완벽한 인격, 그래서 그 어떤 것에도 얽매이지 않는 삶을 구가하기를 원한다면, 그것을 과감하게 뿌리칠 수 있을 것이다. 왜냐하면 그렇게 많은 돈이 있다고 해도 결코 내 삶을 완벽하고 자유롭게 만들어 주지는 못하기 때문이다. 물론 돈이 많으면 물리적인 생활이 편리하겠지만, 그 많은 돈이 정신적인 삶, 의미를 갖고 가치를 실현하는 삶과 직접적인 관계를 맺지는 못한다. 하물며 부정한 짓으로 얻은 돈이라면 말할 필요도 없을 것이다. 단지 물질적인 풍요를 원하는 삶과 물질적 풍요를 거부하지는 않지만 그것에만 얽매이지 않는 삶 중에서, 공구는 그리고 유학은 후자를

112

선택하라고 권고하는 것이다.

어떻게 후자를 선택할 수 있을까? 그것은 아주 사소하다고 느껴지기까지 하는 작은 부분에, 그러나 가장 중요한 부분에 근거한다. 아래의 대화를 살펴보자.

재아宰我가 "삼년상의 기간이 너무 깁니다. 군자가 삼 년 동안 예의를 행하지 않으면 폐기될 것이요, 음악을 연주하지 않으면 소멸될 것입니다. 묵은 곡식은 이미 동나고 햇곡식이 익었습니다. 불붙이는 막대기도 한 번 바꿨으니 일년상이면 될 것입니다"라고 말했다. 공구가 "쌀밥을 먹고 비단옷을 입어도 마음이 편안하냐?"고 묻자, 재아가 "편안합니다"라고 대답했다. 그러자 공구는 "네가 편안하다면 그렇게 해라. 사실 군자가 상을 당했을 때는 맛있는 것을 먹어도 맛을 모르고, 음악을 들어도 즐거운 줄 모르며, 집에 있어도 편하지 못하기 때문에 그렇게 하는 것이다. 그런데 너는 편안하다니, 그렇게 하려무나"라고 말했다. 재아가 나가자, 공구는 "재아는 정말 인하지 못하구나! 자식은 태어나서 삼 년이 지나야 부모의 품에서 벗어난다. 그래서 삼년상은 세상의 공통 법도이다. 재아도 그 부모에게 삼 년은 사랑 받았을 텐데"라고 말했다.[51]

4차 산업인 지식정보를 중시하는 21세기에 살고 있는 우리가 볼 때, 재아의 주장이 훨씬 설득력이 있어 보인다. 공구는 앞에서 보여 주던 모습과는 달리 보수도 아닌 수구 꼴통 같은 소리만 하고 있는 것처럼 보인다. 정말 그럴까? 절대 아니다. 공구와 재아의 대화에는 두 가지 중요한 내용이 담겨 있다. 하나는 '예의 형식을 결정하는 원리'라고 말할 수 있는 것이고, 다른 하나는 지금 우리의 주제인 '사소해 보이지만 가장 중요한 부분'—'편안하지 않은 마음'이다. 공구가 보기에, 예의 형식을 결정하는 원리에는 일종의 '보답'도 포함된다. 대부분의 사람이 어렸을 때 부모로부터 최소한 삼 년의 보살핌을 받았으니, 마찬가지로 부모님이 돌아가신 후 최소한 삼 년은 모셔야 한다는 원칙을 세운 것이다. 이 문제에 관해서는 다시 기회가 있을 때 자세하게 논의하기로 하고, 우리의 주제로 돌아가자.

　공구가 말하는 '편안하지 않은 마음'은 위에서 이야기한 할머니 할아버지 앞에서 계속 자리를 차지하고 있을 때의 마음과 조금도 다르지 않다. 공구는 사람이라면 누구에게나 이런 '편안하지 않은 마음'이 생래生來적으로 구비되어 있다고 생각했다. 바로 이런 '편안하지 않은 마음'이 있기 때문에, 우리는 훌륭한 행위를 실천할 수 있는 것이다. 따라서 그 마음이 바로 행위의 근거가 되는 것이다. 그리고 나아가 '편안하지 않은 마음'이 생기면, 우리는 자연스럽게 편안해지려고 한다. 이처럼 편안해지려는 것이 바로 우리가 가지고 있는 의지이다. 어렵게 얘기하면, 칸트 등이 말하는 '선의지'(good will)인 것이다. 그러니까 공구는 도덕적인 마음과 의지를 모두 인간 내부의 고유한 것으로 이해했고, 바로 이것들에 의해 예악, 즉 사람이 자신을 사람으로 표현할 수 있는 것들이 실현된다고 주장했다.

"내가 인하고자 하면 그 인이 곧 이르게 된다." 나 자신에게 근거가 있고 또한 편안하고자 하는 의지도 본래부터 갖춰져 있다. 그러니 마음만 먹으면, 하고자 하기만 하면 우리는 누구나 언제 어디서든 훌륭한 행위를 실천할 수 있다. 누구나 늘 언제나 그렇다는 것이 아니다. 그럴 수 있다는 것이다. 못하는 것이 아니라 하지 않는 것일 뿐이다. 이런 잠재성(아직 기억하시는가?)을 긍정하고 강조하는 이론이 공구의 철학이요 유학이며, 인이 바로 이런 잠재성(도덕적인 마음과 그 의지, 나중에 맹가가 열심히 설파하던 바로 그 性善)을 가리킨다. 다른 말로 표현하자면, 인은 예전처럼 모든 덕목을 포괄할 뿐만 아니라 보다 더 근본적으로 내재하는 덕성이요, 그래서 '도덕주체성'이기도 하다. 이렇게 해서 예의 근거는 더 이상 외재하는 '하늘'이 아니라, 누구에게나 갖춰져 있는 '인', 즉 '도덕주체성'에 있다. 그래야만 외재하는 강제에 의해 '붕괴되어 버린 예악'에 새로운 생명력을 불어넣을 수 있고, 그것의 원래 작용을 충실하게 할 수 있는 것이다. 공구가 '공자님'이 되는 까닭이 바로 여기에 있다. 공자가, 그리고 유학이 아직도 의미가 있다면, 그것은 바로 이런 '도덕주체성'을 밝히고 열심히 설파하여 모든 사람이 짐승의 나락으로 떨어지지 않고 인간다운 삶을 영위하도록 이끌어 주는 데 있을 것이다.

## 인에 관련된 공구의 기타 언급들

거주하는 곳에는 인후仁厚한 풍속이 있어야 좋다. 그런 풍속이 없는 곳을 선택한다면 어찌 지혜롭다고 할 수 있겠는가?[52]

인하지 못한 사람이 곤궁한 곳에서 오래 살면, 그릇되고 나쁜 짓을 하기 쉬워서 오래 버티지 못한다. 반대로 안락한 환경에서는 마음이 풀어져 나태해지기 때문에, 마찬가지로 오래도록 즐기지 못한다. 인한 사람은 인을 실천하면 마음이 편하기 때문에 인을 편안하게 여기고, 지혜로운 사람은 인을 실천하면 자신에게 크고 장기적인 이로움이 있다고 생각하여 인을 이롭게 여긴다.[53]

나는 참으로 인을 좋아하는 사람과 불인을 싫어하는 사람을 본적이 없다. 인을 좋아하는 사람은 더 이상 바랄 것이 없고, 불인을 싫어하는 사람은 인하지 못한 것이 자신에게 이르지 못하도록 한다.[54]

누가 자신의 역량을 하루라도 기꺼이 인을 실천하는 데 사용할수 있는가? 나는 힘이 부족한 사람을 아직 보지 못했다. 어쩌면실제로 그런 사람이 있을지도 모르지만, 나는 보지 못했을 뿐이다.[55]

안회는 그 마음이 오래도록 인을 떠나지 않았지만, 나머지 제자들은 하루나 한 달에 한 번 어쩌다 인에 들어맞을 뿐이다.[56]

인에 있어서라면, 선생님이라도 양보하지 않는다.[57]

인하기를 좋아하면서도 배우기를 좋아하지 않는다면 어리석어질 것이다.[58]

## 2. 구체적 실천

앞에서 살펴본 이론구조는 유학의 목표를 달성하기 위한 근거요 틀이라고 말할 수 있다. 그러므로 그것은 또한 하나의 형식으로 이해할 수도 있다. 그런 형식은 구체적인 내용으로 표현되어야만 비로소 진정한 의미를 가질 수 있다. 그런데 우리가 이미 알고 있듯이, 유학이 지향하는 목표는 두 가지 혹은 두 단계로 나뉜다. 반드시 기억해야 한다. '수기修己'하여 '안인安人'하기 혹은 '내성內聖'하여 '외왕外王'하기. 따라서 이론에 따른 실천도 그 둘을 각각 겨냥해서 이루어져야 한다. 공구는 분명하게 그렇게 해냈다. 이에 따라 우리도 공구의 이야기들을 '수기'에 해당하는 '공부工夫'와 '안인'에 해당하는 '인정仁政'으로 구분하여 살펴야 한다. 물론, 공구가 한 여러 이야기들 중에는 이론적인 체계 혹은 학술적 의미를 갖지 못하고 일상적인 격언이나 충고와 같이 언급된 것들도 많다. 아래에서 우리가 살피려는 '공부'와 '인정'은 이런 부분을 생략한 것임을 먼저 밝힌다.

## 1) 공부의 원칙과 내용

우리가 어렸을 때 흔히 '쿵후'라고 불리던 중국의 무술이
있었다. 이소룡이나 성룡과 같은 홍콩의 액션배우가 나와서
하는 대단한 무술을 일컫는 말이 바로 '쿵후'였다. 요즘은 중
국어 발음대로 'wushu'(武術)라고도 한다. 그렇다. '쿵후'가 되
었든 'wushu'가 되었든, 그것들도 모두 지금 우리가 알고자 하
는 '공부'에 속한다. 그러나 '공부'가 무술만을 지칭하는 것은
결코, 절대 아니다. 사람이 자각적이요 의도적으로 어떤 목적
을 이뤄 내기 위해 노력하는 것, 그 모든 것이 바로 '공부'이
다. 다시 말해서, '공부'란 뛰어난 기술이나 훌륭한 인품을 완
성하기 위해 노력하는 모든 것을 포함한다. 그리고 유학에서
말하는 공부는 주로 도덕적 수양을 의미한다. 나중에는 그런
수양을 이론적으로 지원해 주는 학문체계의 탐구도 포함하게
된다.

여담이지만, 우리는 '공부'라는 철학적인 내용을 매우 일
상적인 용어로 사용하고 있다. 학교에서 학습하는 것을 '공부'
라고 하는 나라는 우리밖에 없다. 그만큼 우리 조상들이 철학
적이었나? 아무튼 중국에서는 아주 객관적으로 그냥 'xuexi',

즉 학습學習이라고 말한다. 배우고 익힌다는 의미일 뿐이다. 일본에서는 좀 천박하게 느껴지기도 하지만 대단히 현실적으로 'べんきょう', 즉 면강勉强이라고 말한다. 하기 싫은데 억지로라도 해야 하는 것이라는 의미가 아닐까? 오직 우리나라만 '공부'라고 말한다. 거창하고 철학적이라고 말하지 않을 수가 없다. 하지만 어쩌면 말만 거창한 것이 아닐까? 사실 그렇지 않다. 적어도 조선시대에는 그렇지 않았다. 우리 조상님들은 정말 그처럼 거창하게 보이는 삶을 살려고 노력했었다. 그러니 우리도 이제 좀 조상님들의 낯을 세워드려 보도록 해야 하지 않겠는가!

## 충과 서

『논어』에 보면 특이한 기사가 하나 실려 있다. 일단 먼저 들어 보자.

공구가 "증삼(曾子)아, 나의 도는 하나의 원리로 꿰뚫어져 있다"고 말했다. 증삼이 "예"라고 대답했다. 공구가 나가자 제자들이 "무슨 뜻이냐?"고 물었다. 증삼은 "선생님의 도는 충서忠恕일 따름이다"라고 대답했다.[59]

아마 이날 공구는 심사가 복잡했는지도 모르고 아니면 수업하기가 정말 싫었는지도 모른다. 우리도 가끔 그러니까…… 그래서 교실에 들어왔다가 학생들을 쭉 한 번 둘러보고 나서 똘똘한 증삼이가 보이자 선문답 같은 소리를 한마디 했는데, 그 똘똘이는 기특하게도 단번에 알아듣고 선생을 기쁘게 했다. 그러나 나머지 평범한 학생들은 '뭔 소리여?' 하는 마음에 속도 상했겠지만, 일단 선생님의 가르침을 알아야 하니까 증삼에게 물었던 것이다. 평소에 선생님의 가르침을 충분히 이해하고 있던 증삼은 한마디로 선생님 주장의 핵심을 표현했다. '충忠'과 '서恕'! 바로 그렇다. 충서가 곧 공구의 인을 실현할 수 있는 키포인트이다. 다른 말로 하자면 '공부'의 기본이라는 것이다.

그런데 '충'은 뭐고 '서'는 뭐지? 일단 한자를 살펴보면, 충은 '가운데 중中'에 '마음 심心'이 밑에 붙어 있다. 그럼 뭐 '가운데 마음'인가? 서는 '같을 여如'에 또 '마음 심'이 밑에 붙어 있다. 그럼 이건 '같은 마음'이라는 건가? 음~ 비슷한 것 같다. 조선시대의 학문과 사상을 책임지던 주자朱子, 곧 주희朱熹는 충을 '진기盡己'로, 서를 '추기推己'로 풀었다. 참 괜찮은 해석이다. 그것에 따르자면, 충은 자신의 진실한 마음을 온전히 다

발휘하는 것이요, 서는 역지사지易地思之해서 다른 사람의 마음을 헤아려 주는 것이다. 그러나 아직도 조금은 추상적인 것 같다. 좀 더 구체적으로 설명하자면 역시 공구의 이야기를 들어 보는 것이 가장 좋을 것이다. 먼저 충에 관한 예를 보자.

자신의 사특한 욕망을 극복하고 스스로를 훌륭한 인간으로 표현하는 예를 실천하는 것(克己復禮)이 인이다.[60]

문을 나가서는 귀한 손님을 맞는 듯이 신중하게 행동하고, 백성에게 어떤 일을 시킬 때는 큰 제사를 모시듯이 조심스럽게 하라.[61]

평소에 용모와 태도는 단정하고 장엄하게 하며, 일을 할 때는 경건하고 진지하게 하며, 다른 사람과 교제할 때에는 정성스러워야 한다.[62]

강직함, 의연함, 질박함, 말의 신중함 등은 인에 가깝다.[63]

위에서 보이는 것처럼, 충은 자신의 마음속 깊은 곳에서 우러나오는 것을 적극적으로 표현하고 실천하는 것이다. 이

때 우리가 쉽게 떠올릴 수 있는 단어들 혹은 행동규범들이 있다. 예를 들면, 신중·근신·장엄·경건·정성 등이 바로 그것이다. 따라서 충은 기본적으로 경솔하고 즉흥적이며 가벼운 행위를 경계한다. 이에 따라 후대의 유학자들은 특별히 '경敬'이라는 덕목을 강조했다. 여기에서 말하는 '경'은 단순하게 경건함만을 가리키는 것이 아니라, 위에서 말한 모든 규범을 총괄할 수 있는 개념이다. 조선시대 유학자들이 말하던 '거경궁리居敬窮理'라는 명제를 학창시절에라도 분명 들어 봤을 것이다. 이때의 '경'이 바로 '충'을 표현한 것이라고 말할 수 있다. 이런 충은 결코 이른바 '충효'라고 할 때의 '충'이 아니다. 그것은 일종의 파생된 의미로, 정치적 목적에 따라 군주에 대한 충성을 강요하는 주장일 뿐이다.

다음으로 '서'에 대해서 공구는 어떻게 설명하고 있는가? 보다 더 직접적으로 이야기한다.

자공이 "종신토록 받들어 실천할 만한 한마디 말씀이 있습니까?" 하고 물었다. 공구는 "그것은 아마도 서恕일 것이다. 자기가 하고 싶지 않은 일을 다른 사람에게 시키지 말라" 하고 말했

다.[64]

자공이 "만일 어떤 사람이 인민들에게 은혜를 베풀어 생활하기 좋게 돕는다면 어떻습니까? 인하다고 말할 수 있겠습니까?" 하고 물었다. 공구는 "어찌 인에 그치겠는가? 그것은 분명 성인의 경지이다. 요순마저도 오히려 어려워했을 것이다. 인이란, 자신이 서고자 하면 남도 세워 주고, 자신이 도달하고자 하면 남도 도달하게 하는 것이다. 이처럼 자신에게 가까운 것에서 본보기를 찾아 한 걸음씩 나아가는 것이 인을 실현하는 좋은 방법이다"라고 말했다.[65]

두 인용문은 각각 소극적인 측면과 적극적인 측면의 '서'를 설명하고 있다. 먼저 첫 번째 인용문은 비록 소극적이지만 직접적으로 '서'라는 명칭을 사용하면서 설명했는데, 그것은 사실 이른바 '도덕의 황금률'을 표현한 것이다. "자기가 하고 싶지 않은 일을 다른 사람에게 시키지 말라." 서양의 모든 고대철학이 흘러들어가고 또한 근대의 모든 철학이 그로부터 흘러나온다는 칸트, 그가 말하는 도덕철학의 가장 기본적인 기준이 바로 이것이다. 네가 하기 싫으면 남도 똑같이 싫어한다. 너에게 다른 사람이 그것을 시키면 좋겠는가? 아니라면 너도 다른 사람에게 그런 일을 강요하지 말라. 이런 간단한 원칙을 밀고 나가 결국에는 '인간은 목적으로 대우해야지 수단으로 삼아서는 안 된다'는 등의 위대한 도덕철학이 성립하는 것이다.

두 번째 인용문은 먼저 '안인' 혹은 '외왕'의 완성에 대한 문답이 오갔다. 공구는 그것이 매우 어려운 일이어서 요순과 같은 성인도 그런 사업을 걱정했다고 말했다. 그러면서 '안인' '외왕'에 도달하기 전에 먼저 인을 실현하여 '수기' '내성'을 이루라고 권고하면서 적극적인 측면의 '서'를 설명했다. "자신이 서고자 하면 남도 세워 주고, 자신이 도달하고자 하면 남도 도달하게 하라." 앞에서는 소극적으로 '하고 싶지 않은 일' '당하고 싶지 않은 상황' 등에 착안해서 '서'를 설명했지만, 여기에서는 적극적으로 자신이 '하고 싶은 일' '열망하는 사업'에 근거하여 다른 사람도 나와 같은 열망 혹은 욕구가 있을 것이니 그것을 헤아려 주라고 요구했다. 여기에서 알 수 있듯이, 공구의 '서'는 단지 '도덕의 황금률'일 뿐만 아니라, 더 나아가 보편적 인류애를 표현할 수 있는 덕목이기도 하다.

## 효제

공구의 수양론에서 '충'과 '서'가 제일의 원칙이라면, 그 다음은 '효제'일 것이다.

앞의 「인생목표」에서 언급했던 것처럼, 유학은 매우 현실적이며 그 목표를 달성하기 위해 '인지상정'에 근거한 일관되고 확충하는 원칙을 견지한다. 그것은 바로 친친親親·인민仁民·애물愛物이었다. 유가는 묵가처럼 최종적인 이상을 무조건 실현하라고 주장하지 않았다. '세상 모든 것을 아끼고 사랑하는' 것이 최종 목표이지만, 그것은 반드시 '가까운 사람을 가깝게 대우하고', 다시 '다른 사람들을 인애仁愛로 대한' 연후에 이룰 수 있는 것이다. 따라서 '가까운 사람을 가깝게 대우하는' 일이 무엇보다도 중요할 수밖에 없다. '효'와 '제'는 바로 이런 기본 원칙을 실현하는 가장 근본적인 방법인 것이다. 그래서 공구는 "젊은이들이여, 집에서는 부모에게 효도하고 밖에 나가서는 어른들을 공경하라. 말은 적게 하고, 하게 되면 진실 되게 하라. 사람들을 널리 사랑하고 어진 사람을 가까이하라. 이렇게 실천한 다음에도 남은 힘이 있으면 문헌을 배워라"[66]라고 주장했던 것이다.

126

그렇다면 공구가 말하는 효제란 무엇인가? 말 그대로 부모에 대한 효도와 어른 연장자에 대한 공경이다. 하지만 단지 형식적인 행위만을 말하는 것은 아니다. 역시나 마음이 그 밑바탕에 깔려 있어야 한다. '예禮'를 설명하면서 이미 언급했지만 여기에서 다시 한 번 살펴보자.

오늘날의 효도는 부모를 잘 부양하는 것만을 말한다. 그러나 개나 말도 모두 잘 기를 수 있다. 공경하는 마음이 없다면, 부모를 모시는 것과 개나 말을 기르는 것을 어떻게 구별할 것인가?[67]

정말 그렇지 않은가? 요즘에는 개를 위한 카페도 있고 호텔도 있다고 들었다. 개들도 정성을 다해 돌보는데, 하물며 부모님이랴! 매달 용돈이나 몇 푼 부쳐드리고, 일 년에 몇 번 찾아뵙는 것이 효도가 아니다. '공경하는 마음'이 없다면, 부모님을 개만도 못하게 대우하는 것이다. 만약 그 궁극적인 경지를 말한다면, 효란 "부모로 하여금 자식의 질병만 걱정하게 하는 것이다."[68] 다른 모든 것에 있어서는 완벽하기 때문에, 부모가 걱정할 것이 조금도 없게 만들 수 있다. 하지만 의학이 발전하지 못한 과거의 기준에서 볼 때, 내 몸이 아픈 것은 어쩔 수 없다. 그래서 진정한 효자라도 그것만은 피할 수 없다는 의미인 것이다.

좋다. 해 보겠다. 그런데 어떻게 해야 아픈 것만 빼고 다 잘할 수 있는가? 공구의 기준은 매우 엄격했다. 그의 주장을 잠시 살펴보자.

즐겁고 기쁜 낯빛으로 부모를 모시는 것이 어렵다. 일이 생기면 젊은이가 수고하고, 술과 음식이 있으면 어른이 먼저 드신다. 설마 이런 것만이 효도이겠는가?[69]

부모를 섬길 때, 부모의 잘못을 발견해도 부드럽고 완곡하게 간諫해야 한다. 부모가 간하는 말을 듣지 않는다고 해도 평소대로 공경하고 반항하지 않는다. 걱정스럽더라도 원망하지 않는다.[70]

부모께서 살아계시면 멀리 가지 않고, 부득이 가게 되면 반드시 일정한 곳에 있어야 한다.[71]

부모의 연세를 잊어서는 안 된다. 한편으로 장수하심에 기쁘고, 다른 한편으로 연로하심에 두렵다.[72]

아버지가 계실 때는 그(자식)의 뜻을 살펴보고, 돌아가신 뒤에는 그의 행위를 관찰한다. 아버지의 합리적인 방식을 오랫동안 바꾸지 않는다면 효도라고 말할 수 있다.[73]

얼핏 보아도 공구의 말대로 부모님을 모시는 것은 참 어렵겠다는 생각이 든다. 그렇지 않은가? 요즘 세상이 얼마나 팍팍한가? 어떻게든 살아남기 위해서 거의 발버둥을 쳐야 겨우 취직도 하고 명예퇴직도 비껴가고 할 수 있는데, 그 와중에 어떻게…… 물론 그렇다. 공구가 살던 시대, 아니 한 100여 년 전만 하더라도 공구가 말한 것처럼 살 수 있었을지도 모른다. 그러나 오늘날의 세계는 결코 농업을 위주로 하는 향촌사회가 아니다. 유비쿼터스의 정보화 사회, 스피드의 세상이다. 기본적으로 핵가족사회이기 때문에 성인이 되어서는 부모님과 함께 살지도 않는다. 그러니 어떻게 위와 같은 공구의 말을 참고라도 할 수 있겠는가? 필요하기는 한 것일까? 참으로 의심스럽기만 하다.

그렇다. 세상은 너무도 많이 변해버렸다. 오늘날의 대한민국이 산업화를 거쳐 정보화 사회가 된지도 이미 수십 년이나 되었다. 정겨운 산과 들의 목가적인 모습은 없고, 살벌한

회색의 시멘트와 번쩍이는 유리만이 우리의 곁을 스산하게 지키고 있다. 그러나 인간의 사회가 아무리 변한다 해도 또 진화가 어떻게 계속된다고 해도, 인간은 인간으로 살아갈 것이다. 우리가 인간으로 사는 한, 부모 형제와 주변의 친지들은 떼어내려야 떼어낼 수 없는 존재들이다. 그러므로 우리는 그들을 대하는 원칙이 있어야 한다. 그 원칙이 바로 '효제'인 것이다.

유가에서 생명은 결코 개인에게만 속한, 개인만의 것이 아니다. 비록 그 시작은 알 수 없지만, 유가는 기본적으로 생명을 연속되는 흐름으로 본다. 『예기禮記』 제27편 「애공문哀公問」에서 말하는 이른바 '세 가지 존중해야 하는 일'(三敬之事)이 이런 입장을 단적으로 드러낸다. 놀랍게도 여기에는 부모님이나 조상님이 포함되지 않는다. 기이하게도 배우자를 존중하고 자식을 존중하며 자신을 보살피는 것이 '세 가지 존중해야 하는 일'이다. 왜냐? 이유는 의외로 간단하다. 생명이란 끊임없이 이어지는 흐름이어야 하는데, 내가 그 흐름을 끊을 수 없기 때문이다. 오히려 그 흐름이 잘 이어질 수 있도록 최선을 다하는 것이 바로 나의 임무이다. 물론 물리적인 생명의 흐름만이 아니라, 생명력이 충만하고 인문적인 성취도 충분한 흐름이 가장 이상적인 것이다. 그래서 자식을 '낳는' 것만이 아니라, 훌륭하게 '교육'시키기도 해야 하는 것이다. 배우자와 자식, 자신에게도 이럴진대, 하물며 나에게 그 생명의 흐름을 물려주신 분들에게야 말해 무엇하겠는가? 유가는 그래서 그렇게나 효도를 강조하는 것이다. 이런 이치가 세상이 아무리 바뀐다 해도 변할 수 있겠는가? 네버!

위와 같은 신념을 지닌 공구는 '효'에 대해 지나치다 싶을 정도로 엄격한 기준을 적용했다. 이미 한 번 맛보았던 아래의 기사에서 그 일단을 살펴볼 수 있을 것이다.

재아宰我가 "삼년상의 기간이 너무 깁니다. 군자가 삼 년 동안 예의를 행하지 않으면 폐기될 것이요, 음악을 연주하지 않으면 소멸될 것입니다. 묵은 곡식은 이미 동나고 햇곡식이 익었습니다. 불붙이는 막대기도 한 번 바꿨으니 일년상이면 될 것입니다"라고 말했다. 공구가 "쌀밥을 먹고 비단옷을 입어도 마음이 편안하냐?"고 묻자, 재아가 "편안합니다"라고 대답했다. 그러자 공구는 "네가 편안하다면 그렇게 해라. 사실 군자가 상을 당했을 때는 맛있는 것을 먹어도 맛을 모르고, 음악을 들어도 즐거운 줄 모르며, 집에 있어도 편하지 못하기 때문에 그렇게 하는 것이다. 그런데 너는 편안하다니, 그렇게 하려무나"라고 말했다. 재아가 나가자, 공구는 "재아는 정말 인하지 못하구나! 자식은 태어나서 삼 년이 지나야 부모의 품에서 벗어난다. 그래서 삼년상은 세상의 공통 법도이다. 재아도 그 부모에게 삼 년은 사랑 받았을 텐데"라고 말했다.[74]

위의 기사는 학자들 사이에서 내재덕성으로서의 '인'의 근거를 찾는 중요한 내용으로 인식된다. 물론 이론적으로는 그런 의미가 가장 중요하다. '마음의 편안함 여부'가 바로 도덕 실천의 토대가 되기 때문이다. 그래서 공구가 재아에게 마음이 편안하냐고 물었던 것이다. 그러나 공구가 비록 재아를 욕했지만, 일반 사람들이 보기에는 재아의 입장이 보다 더 타당하게 느껴진다. 왜일까?

재아가 든 여러 실례가 아니더라도 삼 년 동안 상을 지낸다는 것은 오늘날 상상조차 할 수 없는 일이다. 기본적인 생산 활동에 참여하지 않는다면 먹고 사는 것조차 어려운 것이 오늘날 우리의 팍팍한 삶이 아닌가? 더구나 '삼년상'이라는 오랜 전통을 고집하는 것은 공구 자신의 주장과도 어그러지는 것 같다. '예'에서 중요한 것은 진실한 마음이지 형식이 아니라고 하지 않았던가? 진실한 마음을 표현할 수만 있다면, 그 형식은 얼마든지 바뀔 수 있다고 공구 자신이 주장하지 않았던가?

여기에서 우리가 공구를 위해 변명을 한다면, 우선 그가 재아에게 마음이 편안하냐고 물은 다음, 편안하다고 하니 그렇게 하라고 말한 사실에 주목해야 한다. 일단 재아가 부끄럽지 않음을 확인하고 그것을 인정한 것이다. 물론 그런 다음에 재아를 욕했지만, 그것은 일년상을 고집해서가 아니라 마음이 편안하다는 공구로서는 이해할 수 없는 재아의 마음 때문이다. 예의 형식을 결정할 때, 공구에게는 일종의 '보답의 원리'가 있었던 것 같다. 다시 말해서, 세상을 전혀 모르고 스스로 자신을 돌볼 수 없었던 영유아 시절에 우리는 완전히 부모의 보살핌 아래에서 성장했다. 그 기간이 적어도 삼 년은 된다. 따라서 부모님께서 차가운 땅속에 계시게 된 이후 적어도 삼 년 동안은 우리가 부모님을 보살펴야 비로소 '인지상정'에 근거한 도리를 다하는 것이라고 말할 수 있을 것이다. 물론 우리가 아무리 공구를 변호한다 하더라도 그가 생각한 형식을 오늘날까지 고집할 수는 절대 없다. 그러나 비록 삼일장을 안 치른다고 해도, 공구가 말한 것처럼 부모님께서 돌아가셔서 갖게 된 불편한 마음을 잘 살펴 불편함을 최소화할 수 있도록 심상心喪이라도 치러야 할 것이다. 이처럼 엄격해 보이는 효에 대한 공구의 주장은 기본적으로 '인지상정'에 근거하기 때문에, 그 형식을 달리하여 오늘날에도 그 생명력을 이어갈 수 있을 것이다.

기실, 공구는 '인지상정'과 '불편한 마음 없애기' 등의 원리를 단지 효제에만 적용하지 않았다. 그는 정직함을 논할 때도 그런 원리를 적용했다. 공구가 정직함을 이야기한 고사는 두 가지가 있다.

누가 미생고微生高를 정직하다고 말하는가? 어떤 사람이 그에게 식초를 얻으려 하니, 이웃에게 얻어서 그것을 주더라.[75]

섭공葉公이 공구에게 "우리 고장에 정직한 사람이 있다. 아버지가 양을 훔치자 그 아들이 그 사실을 알렸다"고 말했다. 그러자 공구는 "우리 고장의 정직한 사람은 그와 다릅니다. 아버지는 자식을 위해 감춰 주고, 아들은 아버지를 위해 숨겨 줍니다. 정직함은 그 가운데 있습니다" 하고 말했다.[76]

앞의 기사에서 미생고는 '훌륭하다는 칭찬을 듣기 위해'

없는 것을 없다고 하지 않고 남에게 얻어서 건네주었다. 이런 행위는 '은혜를 파는 행위'로 정직함을 크게 해치는 것이다. 공구가 생각하기에, 정직함이란 있는 것을 있다고 하고 없는 것을 없다고 하는 것이며, 옳은 것을 옳다고 하고 그른 것을 그르다고 하는 것이다. 이는 "아는 것을 안다 하고 모르는 것을 모른다 하는 것이 앎이다"[77]라는 공구의 말과 같은 맥락에 속하는 것이다.

두 번째 기사는 또 우리를 헷갈리게 한다. 우리가 일반적으로 생각하는 정직함이란 있는 사실 그대로를 인정하는 것이다. 그런데 공구는 이를 부정하고 부모자식 간의 정감을 우선시했다. 언뜻 보기에 그의 이런 태도는 결코 정직하다고 평가할 수 없는 듯하다. 오히려 '패거리 문화'를 조장하는 것 같이 보이기도 한다. 그러나 오늘날의 법률에서도 '불고지죄'에 해당하지 않는 경우가 바로 직계가족이다. 생각해 보라. 만일 아버지가 실수로 혹은 어쩔 수 없이 어떤 범죄를 저질렀다면 그 범죄사실을 고발할 것인가? 그럴 수 없을 것이다. 어떤 경우에도 범죄는 용납될 수 없겠지만, 아버지와 같은 특별한 관계에 있는 이는 '인지상정'에 의한 '불편한 마음' 때문에 고발할 수 없는 것이다. 이것이 내 마음에 정직한 것이지, 그 불편한 마음을 억누르고 고발하는 것이 정직한 것일 수 없는 것이다. (그래서 공구는 정직함으로 원수를 갚아야 하며, 부모님의 원수는 반드시 갚아야 한다고 주장한다.[78]) 이처럼 공구의 유학은 기본적으로 '인지상정'에 근거하여 '불편한 마음'을 더 이상 불편하지 않게 바꾸려고 노력하는 학문이다. 효제 또한 이런 '인지상정'과 '불편한 마음'의 제거에 근거한다. 물론, '인지상정'에 근거한 원리들은 여러 가지 보조적인 장치들이 반드시 구비되어야 한다. 그렇지 않으면, 생각하기도 싫은 '패거리 문화'가 재연될 수도 있을 것이다. ('인지상정'에 대한 진화 생물학적 입장은 우리에게 많은 것을 시사해 주지만, 지나치게 전문적이기 때문에 여기에서는 생략한다.)

## 앎과 배움 그리고 생각함

다음으로 우리가 살펴보아야 하는 공부의 원칙은 지식과 배움에 관한 공구의 이야기들 속에 나타난다. 지식에 관해서도 공구는 정직함을 요구했다. 그래서 공구는 위에서 인용했던 것처럼 '아는 것을 안다 하고 모르는 것을 모른다 하는 것이 앎'이라고 주장했다. 그러나 공구가 말하는 지식은 결코 객관적인 사물에 대한 인식에 그치지 않는다. 그것은 기본적으로 목표(수기하여 안인하려는)를 달성하기 위한 수단이지, 그 자체가 목적일 수 없기 때문에 공구는 "아는 것보다 좋아하는 것이 낫고, 좋아하는 것보다 즐기는 것이 낫다"[79]고 주장한다.

그렇다면 여기에서 우리가 '알고' '좋아하고' '즐겨야하는' 것은 무엇일까? 거창하게 얘기하면 그것은 공구가 추구하는 '도道'일 것이요, 친근하게 얘기하면 '이상적인 삶과 그 세상' 이 될 것이다. 개인적으로는 일단 몸이 건강하고 스스로에게 나 다른 누구에게도 부끄럽지 않으며 정신적으로도 행복한 삶이 바로 '도'이고, 그런 개인들이 함께 어우러져 살아가는 행복한 세상 또한 '도'인 것이다. 이런 도를 얻는 수단이자 방법이 바로 '배움'이다. 그런데 배움에 대해서 공구는 제자 안연을 평가하면서 이렇게 설명했다.

안회라는 사람이 있었는데, 배우기를 좋아하여 노여움을 다른 사람에게 옮기지 않았고 같은 잘못을 반복하지 않았다.[80]

공구가 보기에, 안회는 배우기를 좋아했다. 열심히 배운 결과, 그는 자신의 노여움을 다른 사람에게 전가시키지 않게 되었고, 또한 똑같은 실수를 두 번씩 저지르지 않았다. 이렇게 볼 때, 여기에서 말하는 '배움'은 결코 객관적인 사실에 대한 학습이 아니다. 그것은 일종의 도덕적 수양이다. 다시 말해서, 공구가 말하는 '배움'이란 '사람됨을 배우는' 것일 뿐이다. 그래서 공구는 책상머리에서의 학습만이 아니라 구체적인 현실생활에서의 모든 배움을 중요하게 여겼다. 여기에서 말하는 모든 배움에는 '예'를 익히는 것은 물론이요, 음악과 체육(활쏘기와 말 타기 등등)활동 등도 모두(이른바 六藝) 포함된다. 그러나 그런 배움은 그냥 나열되어서는 안 된다. 공구 자신은 "'많이 배워서 그것을 기억하는 것'이 아니라 배운 것들을 '하나로 관통한다'"[81]고 말했다. 결국 배움이란 최종적으로 '구체적인 현실 속에서 이치를 터득하여 결국에는 전 우주에 두루 통하는 원리를 깨닫는'[82] 것이다. (인용문에 대한 분석과 의미는 「인생목표」에서의 설명을 참조하라.) 그런 원리를 깨달아서 목표인 '도'를 실현하는 것이다.

정리해 보자. 위의 설명에서 알 수 있듯이, 공구가 말하는 '배움'이란 결코 책상머리에서 책을 읽고 정리하고 연구하는 학습이나 공부만이 아니다. 그것은 우선 직접적으로 사람됨을 배워서 사람같이 사는 것이요, 최종적으로는 이상적인 삶과 세상을 만들 수 있는 수단이자 방법으로 사용되는 것이다. 그런데 오늘의 우리는 도대체 어떤 공부를 하면서 살아가고 있는가! 학문의 전당이라는 대학에서조차 취업을 위한 실용적인 것들만이 '배움'으로 인정받고 있다. 오호, 통재라! 이제부터라도 우리 자신의 삶을 풍요롭게 하는 '배움'에도 신경 쓰며 살아 봅시다.

공구는 또한 다른 모든 덕목의 배후에 반드시 '배움'이 있어야 한다고 강조했다. 그러나 이때의 '배움'은 위에서 설명한 내용이 아니라, 우리가 통상적으로 사용하는 의미의 '학습'을 가리킨다. 그가 생각하기에, "인은 좋아하면서도 배우기를 좋아하지 않으면 어리석음의 폐단이 생기고, 지혜는 좋아하지만 배우기를 좋아하지 않으면 방탕함의 폐단이 생기며, 신의는 좋아하면서도 배우기를 좋아하지 않으면 자신을 해치는 폐단이 생기고, 정직함은 좋아하지만 배우기를 좋아하지 않으면 배려하지 못하는 폐단이 생기며, 용감함은 좋아하면서도 배우기를 좋아하지 않으면 혼란을 일으키는 폐단이 생기고, 굳건함은 좋아하지만 배우기를 좋아하지 않으면 무모하게 되는 폐단이 생기게 된다."[80] 여기에서 인(이때의 인은 도덕주체성이 아니라 단순히 착하기만 한 것을 가리킨다)과 지혜, 신의와 정직, 용감함과 굳건함 등은 우리의 삶을 풍요롭게 만드는 데 매우 중요한 덕목이 아닐 수 없다. 그런데 그것들은 반드시 '배움'이라는 바탕 위에 세워져야만 어리석음, 방탕함 등과 같은 폐단이 생기지 않을 수 있다. 쉽게 생각할 수 있는 한 가지만 예로 들어 보자. 사람이 인하기만, 즉 착하고 순진하기만 하다면 오늘날같이 살벌한 세상에서 마냥 '당하고만' 살 것이다. 이것이 어리석음이 아니고 무엇인가? 따라서 어떤 사람이건, 그리고 어떤 경우이건 '배움'은 더없이 중요하다. '배움'은 우리의 삶에 균형을 잡아 주는 지렛대와 같은 것이다.

그러나 다른 한편으로, 우리가 단순히 배우기만 한다면 그것도 문제가 아닐 수 없다. 그래서 공구는 또한 이렇게 걱정했다.

> 배우기만 하고 생각하지 않으면 어두울 것이요, 생각만 하고 배우지 않으면 위태로울 것이다.[84]

공구는 여기에서 두 가지 공부 방법, 즉 '배움'과 '생각함' (思) 중 어느 한쪽으로 치우쳐서 일어나는 문제를 걱정하여 그 둘의 조화를 강조했다. 왜냐하면 아무 생각 없이 선생이나 선배들이 알려 주는 내용을 받아들이기만 하고 스스로 그것을 검토하거나 반성해 보지 않는다면, 표면적인 사실은 알 수 있을지 몰라도 그 이면의 원리는 알지 못하게 될 것이기 때문이다. 반대로 자기 멋대로 세상의 이치를 생각하기만 하고 선생이나 선배들이 이미 이루어 놓은 성과들을 간과한다면, 완전히 독불장군이 되어서 자기만 옳다고 하는 옹고집 주관주의에 빠지게 될 것이기 때문이다. 그러므로 선배들의 성과를 '배우고' 또 그것을 '검토하는' 두 과정은 반드시 함께 진행되어야 한다.

그러나 만일 궁극적으로 그 둘의 우선순위를 결정한다면, 역시 '배움'이 먼저이고 중요하다. 그래서 공구는 "내 일찍이 온종일 아무 것도 먹지 않고 밤새 잠도 자지 않고서 생각을 했었는데, 아무 소득이 없었다. 그러니 역시 생각만 하느니 차라리 배우는 것이 낫다"[85]고 말했던 것이다. 배우지 않는다면 무엇을 검토할 수 있겠는가? 계발은 자극을 받아야만 가능한 것이다. 배움은 모든 것의 시작이다.

## 마음과 꾸밈의 조화

우리는 지금 『논어』에서 비교적 이론적인 혹은 원리적인
'공부'론을 살펴보고 있다. 그렇지만 사실 공구의 많은 이야기
는 일상적인 격언 정도의 수준에 머무는 경우가 허다하다. 예
를 들어, 말과 행동의 관계와 중요성에 관한 그의 주장은 매
우 평범하다.

먼저 실행한 다음에 말이 따라야 한다.[86]

옛사람들이 말을 가볍게 하지 않은 것은 몸이 (그 말에) 따르지
못하는 것을 부끄러워했기 때문이다.[87]

군자는 말에 어눌하고 행동에 기민하려 한다.[88]

덕이 있는 사람은 반드시 도리에 맞는 말을 하지만, 말을 잘하
는 사람이 반드시 덕이 있는 것은 아니다.[89]

말한 것이 부끄럽지 않게 실천하는 것이 어렵다.[90]

군자는 말이 행동보다 넘치는 것을 부끄러워한다.[91]

이런 공구의 주장은 결코 명확한 이론적인 근거를 갖는 철학자의 주장이 아니라, '말보다 행동을 우선해라', '말하기는 쉽지만 그것을 실천하는 것은 어렵다. 그러니 쉽게 장담하지 마라' 등과 같이 세상살이를 걱정하는 어른의 충고와 같다. 사실이 그렇다. 공구의 많은 이야기들이 바로 이런 충고 같은 것들이다. 왜냐하면 공구는 오늘날 우리가 말하는 그런 엄밀한 의미에서의 철학자가 아니었고, 스스로도 자신이 그런 작업을 하고 있다고 생각하지 않았기 때문이다. 그러나 그렇다고 해서 공구가 단순하게 충고만 한 것은 아니다. 그렇다면 우리가 이렇게 힘들게 그의 이야기를 살펴볼 이유가 없을 것이다.

비록 공구 스스로 자각하지는 못했지만, 그는 결코 일상적인 충고나 던지는 동네 어른이 아니라 자신만의 이론적 근거를 갖고 주장을 펼치던 '철학사상가'였다. 어째서 이렇게 말하는가? 일상적으로 보이는 공구의 충고는 그냥 던져진 것이 아니라, 나름의 근거를 갖고 제시된 것이기 때문이다. 그래서 그것은 결코 상식적인 격언에 그치지 않는다. 그 근거란 무엇인가? 그것은 바로 행동하기 이전에 '내면의 충일充溢'을 강조하는 일이다. 공구는 이렇게 말한 적이 있다.

군자는 자기에게서 구하고, 소인은 남에게서 구한다.[92]

역대로 많은 학자들이 군자와 소인이 '구하는' 것이 무엇인지에 대해 여러 주장을 펼쳤다. 공구가 분명하게 적시하지 않았기 때문이다. 어떤 이는 '잘못의 원인'이라고도 하고, 어떤 이는 '인'이라고도 했다. 다시 말해서 군자는 '잘못의 원인'이나 '인'을 자신에게서 찾고 소인은 그것을 남에게서 찾는다는 뜻이다. 중요한 것은, 소인과 달리 군자는 그것을 자기 내부에서 찾는다는 점이다. 자기 내부에서 무엇인가 충만한 것이 있어야 그것이 밖으로 자연스럽게 표현되어 나올 수 있는 것이다. 그래서 공구의 후학들이 지었다는 『대학』에서도 "안에서 정성스러우면 밖으로 드러난다"(誠於中, 形於外)고 말했던 것이다. 다른 측면에서 볼 때, "안으로 반성하여 부끄럽지 않다면, 무엇을 근심하고 무엇을 두려워하겠는가?"[93] 이처럼 자기 '내부의 떳떳함', 즉 '도덕적 자신감'이 근거로 자리 잡아야만 어떤 말이나 행동도 가능하며, 또한 그것이 의미를 가질 수 있게 되는 것이다.

공구와 그의 제자들은 이처럼 '내면의 충일'을 강조했다. 그래서 그림에 대해 논할 때도 그런 태도를 견지했다.

자하子夏가 "(『詩經』에) '볼우물 패인 웃음 어여쁘고, 아름다운 눈동자 선명하구나! 하얀 바탕에 고운 색 입혔네'라고 했는데 무슨 뜻입니까?"라고 물었다. 공구가 "그리는 일은 바탕을 희게 한 다음에 한다"고 말하자, 자하가 "예는 나중의 일입니까?" 하고 물었다. 공구는 "나를 일깨워 주는 이 상商(자하의 이름)이로구나! 비로소 너와 더불어 시를 말할 수 있겠다"라고 말했다.[94]

언뜻 보기에는 무엇인가 어려운 얘기를 하는 것 같지만, 기실 공구는 아주 단순한 원리를 말하고 있다. 어떤 그림을 멋지게 그리려면, 먼저 바탕을 하얗게 해야 한다는 것이다. 그런데 똑똑한 자하는 공구의 설명에서 한 걸음 더 나아가, 진정한 예의는 진실한 마음이 우선해야 함을 깨달았다. 이에 대해 공구는 자하를 예뻐하지 않을 수 없었던 것이다. 학생이 이러저러한 이치나 도리를 깨달을 때, 그것을 알려 준 선생은 공구와 같은 희열을 느끼게 된다. 암, 겪어 보지 않은 사람은 절대 모른다. 하긴, 그래서 맹가(맹자)가 세상의 세 가지 큰 즐거움 중에 하나로 '영재를 모아서 가르치는 일'을 꼽지 않았던가!

정리해 보자. 예의는 우리를 사람으로 표현하는 방법이

다. 그러나 그것이 단지 겉치레에 그친다면 아무 의미를 갖지 못한다. 그래서 공구와 자하는 '예의가 나중 일'이라고 합의했던 것이다. 예의가 예의일 수 있기 위해서는, 먼저 그것으로 온전히 담아낼 수 있는 마음이 충만해야 하는 것이다. 자하가 이런 이치를 깨닫자 선생인 공구는 행복했던 것이다.

위와 같이 정리하면, 사람들은 쉽게 '아하, 역시 마음이 중요해. 형식인 예의야, 뭐 대충······ ' 이렇게 생각할 수도 있을 것이다. 그러나 공구는 결코 마음만을 강조하지 않았다. 마음도 그것을 담는 형식이 있어야만 표현될 수 있다. 그래서 그는 소위 '문질빈빈文質彬彬'을 역설했던 것이다.

> 바탕(質)이 꾸밈(文)을 뛰어넘으면 촌스럽고, 꾸밈이 바탕을 뛰어넘으면 뺀지르르하게 된다. 꾸밈과 바탕이 조화를 이룬 다음에야 군자이다.[95]

여기에서 말하는 '바탕'이란 사실 '마음'을 가리킨다. 마음도 그냥 마음이 아니라 순수한 마음, 어떤 잡티도 묻지 않은 마음이다. 우리가 진솔하다고 평가하는 그런 마음이다. 그리고 '꾸밈'이란 그런 마음을 담아내는 바로 예의와 같은 형식을 가리킨다. 공구가 보기에, 진솔한 마음은 넘치는데 그것을 적절하게 담아낼 방법이 없다면 그것은 세련되지 못하게 표현될 수밖에 없다. 반대로 방법 혹은 형식만 뻔지르르하고 그 안에 담겨 있는 마음은 그만큼 진솔하지 못하다면 그것은 자신과 남을 속이는 기만이요 가식일 뿐이다. 마음으로 치우치면 세련되지 못하게 되고, 형식으로 치우치면 가식이 될 수 있다. 그러므로 마음과 그것을 온전히 표현해 내는 형식, 즉 꾸밈은 반드시 조화를 이루어야 한다. 마음, 꼭 그만큼 꾸밈이 이루어져야 한다. 그래야만 세련되지만 진솔할 수 있는 것이다. 이것이 바로 사람다운 사람, 즉 군자를 표현하는 방식인 것이다.

## 자신을 위한 학문

공구의 최종적인 목표는 물론 모든 생명체의 조화로운 공생(맹가가 말한 愛物의 경지.「인생목표」참조)이다. 그러나 그것은 반드시 수양을 통한 자신의 완성으로부터 시작하지 자신을 등한시한 채 무조건적으로 이상만을 추구하는 방식은 결코 아니다. 그래서 공구는 이렇게 말했다.

옛날 학자들은 자신을 위했는데, 오늘날의 학자들은 남을 위한다.[96]

엥? 이거 이상하지 않은가? 지금 공구는 옛날 학자들이 훌륭하다고 말하는 것 같은데, 자신을 위했다는 것은 이기적이었다는 말이 아닌가? 오히려 오늘날의 학자들처럼 남을 위해 무엇인가 하는 행위가 훨씬 훌륭한 것 아닌가? 당연히 표면적으로 보면 그렇게 생각할 수 있다. 자신만 위하는 것은 이기요, 남을 위하는 것은 봉사이기 때문이다. 그러나 우리는 그들이 각각 '위하던' 혹은 '위하는' 내용에 주목해야 한다. 옛날 학자들이 '위하던' 것은 앞에서 말한 '자기 마음의 충일'이지만, 오늘날의 학자들이 '위하는' 것은 '다른 사람들의 인정과 존경'이다. 다시 말해서, 옛날 학자들은 자신의 도덕적 인격 완성을 위해 공부했는데, 오늘날의 학자들은 남에게 보이고 인정받기 위해 공부한다는 의미인 것이다. 남에게 보이기 위해서만 공부한다면 그것은 공부일 수 없다. 그리고 인정받는다는 것 또한 순서상 한참 후에나 가능한 일이다. 모름지기 학자라면 가장 먼저 자신의 완성을 위해 노력해야 한다. 그래서 공구의 학문, 즉 유학은 '위기지학爲己之學'이라고도 불린다.

그렇다면 '위기지학'으로서의 유학, 즉 공구의 학문은 어떤 특징을 보이는가? 그것은 '자신을 위한 학문'이라는 표면적인 뜻과 전혀 상반된 내용을 갖는 것이 가장 큰 특징이다. 예를 들어, 당시 사람들은 공구를 '안 되는 줄 알면서도 하려는 사람'[97]이라고 평가했다. 당시 사람들은(오늘날은 더더욱 그렇겠지만) 공구가 꿈꾸던 세상은 결코 실현될 수 없을 것이라고 생각했다. 현실을 고려하지 않고 지나치게 이상만을 추구하는 것으로 여겼기 때문이다. 공구도 많은 실패를 겪으면서 어느 정도 그런 사실을 인정했던 것 같다. 말년에 교육에만 힘쓴 일이 일종의 증거가 될 것이다. 그러나 그는 그렇다고 해서 포기하지 않았다. 많은 제자를 가르쳐 각 제후국의 동량이 되게 하지 않았는가? 그렇지만 자신의 이상이 달성될 수 없다는 사실을 뻔히 알면서도, 그래도 달려들어 최선을 다하는 사람은 도대체 어떤 사람인가?…… 정녕 한없이 멍청한 녀석이기만 할까? 아니다. 그가 바로 진정으로 '자신을 위하는' 사람이다. 내가 존재하는 이유는 달성할 수 있는 가능성이 희박하더라도 내 이상을 향해 '뚜벅뚜벅 꾸준히' 전진하기 위해서이다. 내 이상의 달성은 바로 나를 완성하는 것이지, 남에게 인정받고 존경 받기 위해서가 아니다. 오직 '나를 위해서'일 뿐이다.

이렇게 자신을 '위했기' 때문에, 공구는 또 다음과 같이 말하기도 했다.

뜻있는 선비와 어진 사람은 살아남기 위해 인을 해치는 경우는 없지만 자신을 희생해서 인을 이루기(殺身以成仁)는 한다.[98]

또 이상하다. 이게 자기를 위한 일이라고? 죽는데? 죽으면 끝인데? 죽은 다음에 뭘 어쩌라고? 그렇다. 죽음은 삶의 끝이다. 종말이다. 생명을 가진 어떤 존재도 죽음을 두려워하지 않을 수 없다. 그것은 본능이다. 그런데 '자기를 위한 학문'을 주장하는 공구가 어떻게 죽음을 무릅쓰라고 말할 수 있는가? 자기를 위한다면 마땅히 죽음은 피해야 하지 않겠는가?

그러나 음~ 가만히 생각해 보면, 죽음이란 피할 수 없는 것이 또한 분명하다. 두렵기는 하지만 어떤 생명체도 죽음을 피할 수는 없다. 언젠가는 모두 죽는다. 게다가 '나를 위해서'는 우선 자기 마음의 충일을 추구해야 하고, 나아가 그 충일한 마음을 바탕으로 자신의 꿈을 실현하려고 굳건하게 노력해야 한다. 자, 이 두 논리를 합하여 보자. 1번, 죽음은 피할 수 없다. 2번, 다른 것에 대한 고려를 배제한 채 자기 이상의 실현을 굳건하게 밀고 나간다. 이것이 '자기를 위한 학문'이다. 이제 인용문을 다시 살펴보자. 여기에서 말하는 '인'이란 무엇인가? 그것은 '수기안인' 혹은 '내왕외왕'으로 대표되는 공구의 최종 이상이 아닌가? 우리는 언젠가 죽을 텐데, 단지 죽지 않으려고 최종 이상을 포기하겠다고? 이는 결코 '자기를 위한 학문'이 아니다. '자기를 위한 학문'을 한다면 분명 언젠가 죽을 목숨에 매달리지 않고 '자신을 위해' 그 목숨을 희생해서라도 꿈을 이루려 할 것이다.

'자신을 위한' 이와 같은 행위는 오직 인간만이 가능하다. 왜냐? 본능을 거역하는 그런 엄청난 의지를 발휘해서 자신의 꿈을 이루려는 생명체는 인간밖에 없기 때문이다. 그러므로 '자기를 위한 학문'은 또한 인간의 숭고한 특징을 표현하기도 하는 것이다. 우리 인간에게는 이런 숭고한 의지가 있기 때문에 일반 동물과 확연히 구분될 수 있는 것이다.

'살신성인'과 같이 위대한 인간의 특성은 '자신을 위한 학문'에 그 근거를 둔다. 이는 사실 인간의 의지 혹은 주체성을 강조한 것이기도 하다. 다시 말하자면, 우리는 생물학적 본능에 따라 목숨을 구하기 위해 자신의 이상을 포기할 수도 있고, 반대로 본능을 극복하려는 의지에 따라 이상을 위해 목숨을 버릴 수도 있다. 이때의 선택은 온전히 도덕적 의지 혹은 주체성의 문제에 속한다. 특히 후자를 선택하는 경우는 본능을 극복하려는 것이기 때문에 훨씬 가혹한 시련을 이겨내야 한다. 그래서 더욱 위대한 인간의 모습을 보일 수도 있지만……. 바로 이런 맥락에서 공구는 또한 이렇게 말한다.

사람이 도를 넓힐 수 있는 것이지, 도가 사람을 넓히는 것이 아니다.[99]

여기에서 말하는 '도'란 무엇인가? 기본적으로 도는 객관적인 양태로 그 자신을 지금 모습 그대로 표현하고 있다. 예를 들어, 꽃 피는 봄이 가면 무더운 여름이 오고, 다시 낙엽 지는 가을이 오고 눈이 내리는 겨울이 되고 등등과 같이 객관적으로 그렇게 굴러가는 것이다. 이런 도는 이 세상 모든 것으로 하여금 나고 자라게 할 수 있게 하기 때문에, 그 자체는 세상의 근거요, 또한 조화롭고 완전하다고 할 수 있다. 그러나 안타깝게도 그것은 인간의 의지나 바람과는 상관없이 굴러간다. 가령 가뭄이 너무 심해서 우리가 아무리 비가 내리기를 갈망해도, 도가 우리의 바람에 호응하여 비를 내리지는 않는다. 그냥 자신의 원리대로 그렇게 굴러갈 뿐이다. 그래서 객관적이라고 말하는 것이다. 거울에 비유하는 것이 그럴듯할 것이다. 거울은 어떤 대상이든지 가리지 않고 비추지만, 스스로가 주도적으로 특정한 대상을 끌어당겨 비추지는 않으며 떠나가는 대상을 억지로 붙잡지 않는다. 마찬가지로 도는 비록 천지만물이 스스로 나고 자라게 하도록 할 수 있지만, 어떤 의지나 사심을 갖지 않는다. 그래서 도는 결코 우리 인간만을 위해서 어떤 조치를 취하지 않는다. 이런 사실에 입각하여 『주역周易』 「계사繫辭」에서는 도를 대표하는 하늘이 "성인과 함께 근심하지 않는다"(不與聖人同憂)고 한탄한다.

'도'는 조화롭고 완전하지만, 객관적이기 때문에 어떤 대상을 특별히 아끼지 않는다. 따라서 도의 조화로움과 완전함이 인간세계에서 어떻게 실현되느냐는 오직 인간이 하기 나름일 뿐이다. 그것의 실현 여부, 나아가 실현 정도까지도 모두 인간의 노력 여하에 달려 있다는 말이다. 도는 언제나 객관적으로 그렇게 굴러갈 뿐이어서, 어떤 의도적 조치도 불가능하다. 따라서 의도적이고 능동적이며 주체적인 행동은 오직 본능까지 극복할 수 있는 존재, 즉 인간에 의해서만 가능하다. 인간이 얼마나 능동적이고 주체적으로 노력하는가에 따라 조화롭고 완전한 '도'가 그만큼 인간세계에 실현되는 것이다. 이와 같은 맥락에서 공구는 "예를 들어 산을 만들 때, 한 삼태기가 부족한 상태로 그친다고 해도 내가 그친 것이다. 또한 예를 들어 평지에 흙을 한 삼태기만 쏟았다고 해도 그 진전은 내가 나아간 것이다"[100]라고 말했다. 성공하든 혹은 실패하든, 그 모든 결과는 나에 의해 이루어지는 것이다. 아! 인간이란 얼마나 위대한가? 우리의 능동성과 주체성이 객관적이기만 한 도를 인간 세상에 표현할 수 있다니!

그러나 명심하자. '살신성인'과 같은 인간만의 위대한 실천도, '도'의 실현과 같은 엄청난 업적도 모두 '자기를 위한 학문'이 그 기반임을 잊어서는 안 된다.

## 가르치며 배우기

마지막으로 공구가 학생들과 가르치고 배우던(敎學) 직접적인 내용을 살펴보도록 하자. 그는 어떤 자세로 학생들을 가르쳤고 또 학생들에게는 어떤 자세를 요구했으며, 가르치고 배우는 방식은 어떠했고 그 주요 내용은 무엇이었는가?

공구는 우선 다른 사람을 가르칠 수 있는 선생의 자격을 다음과 같이 요구했다.

배운 것을 잘 익혀서 새로운 의미를 깨닫는다(溫故而知新)면 선생이 될 수 있다.[101]

묵묵히 기억하고 배움에 싫증내지 않으며 다른 사람을 가르침에 게으르지 않아야 한다.[102]

선생님(공구)은 네 가지를 끊었다. (그래서) 사사로운 뜻이 없었고 반드시 해야 함이 없었으며, 고집하는 것도 없었고 자신을 내세움도 없었다.[103]

공구가 보기에, 선생은 기본적으로 먼저 열심히 배우고 또한 배운 내용을 음미하여 그 의미를 정확하게 파악해야 하며, 나아가 파악한 의미를 전달하는 데 최선을 다해야 한다. 그렇게 하기 위해서는 가능한 한 개인의 주관에 따른 판단을 배제해야 하고 구체적이고 특별한 규율에 융통성 없이 얽매이지 않으며, 자신의 주장만을 고집하는 닫친 마음을 없애고 남들보다 튀기 위해 특이하게 행동하지 않아야 한다. 이처럼 선생이 되기 위한 조건은 참으로 까다롭다. 그러나 세상 사람들은 맹가의 말처럼 "남의 선생 노릇하는 것을 좋아한다."[104] 삼가고 또 삼가야 할 것이다.

공구에 의하면, 선생은 위와 같은 자격, 조건이 충족되어야 할 뿐만 아니라 다음과 같은 태도 또한 견지해야 한다.

어떤 어리석은 사람이 나에게 무식하게 물을지라도, 나는 그 질문의 선후 본말을 되물은 다음 최선을 다해 대답한다.[105]

아낀다고 수고롭게 하지 않을 수 있는가? 진실하다면 가르쳐 주지 않을 수 있는가?[106]

선생은 아무리 멍청한 학생이 더없이 수준 떨어지는 질문을 하더라도 최선을 다해 답해 줘야 한다. 최선을 다하는 답변이란, 바로 그 학생의 수준과 질문 내용을 정확히 파악하여 그에 적절하게 답하는 것이다. 또한 선생은 사랑하는 제자라고 손쉬운 과제만을 주어서도 안 된다. 그것은 그 제자를 망치는 행위이다. 그리고 배우고자 하는 마음이 간절한 학생에게는 그가 어느 정도의 지적수준을 갖고 있든 상관없이 그

배움의 열의에 맞춰 가르쳐야 한다.

이상과 같은 자격과 태도를 지녀야만 선생이 될 수 있다. 그렇다면 학생에게도 요구되는 내용이 있을 것이다. 그것은 어떤 것들인가? 이에 대해 공구는 우리에게 좋은 설명을 들려 주고 있다.

(어떤 사람이) 말린 육포 열 개를 바치는 예의 그 이상을 실행했다면, 나는 (그를) 가르치지 않은 적이 없다.[107]

애쓰지 않으면 일깨워 주지 않고, 표현하려 하지 않으면 틔워 주지 않는다. 한 귀퉁이를 들었는데 나머지 세 귀퉁이로 반응하지 않으면 되풀이하지 않는다.[108]

미치지 못하는 듯 배우고, 또한 배운 것을 잃을까 두려워하라.[109]

"어떻게 하지, 어떻게 하지"라고 말하지 않는 사람은 나도 어떻게 할 수가 없다.[110]

공구는 먼저 배움을 청하는 자세를 형식적으로 규정했다.

옛날에는 어른을 찾아뵐 때 반드시 폐백을 드렸다. 그중에서 가장 낮은 단계의 폐백이 바로 '말린 육포 열 개를 바치는' 것이었다. 이는 다른 말로 하자면, 공구는 일단 학생이 찾아와 배움을 청하기만 하면 받아들이지 않은 적이 없다는 의미이다. 그러니 경제적인 문제나 형식적인 문제는 중요한 것이 될 수 없었다. 그러나 배움을 추구하는 열망이나 자세에 대해서는 매우 엄격했다. 공구가 학생에게 기본적으로 요구하는 태도는 늘 목마른 듯 배움을 갈망하고, 배운 것을 익히려고 최선을 다하는 것이다. 그래서 학생 스스로 어떤 문제를 발견하고 그 문제를 해결하려 애쓰는 모습을 보여야만 가르침을 주었다. 그렇지 않은 경우에는 도움을 주지 않았다. 도움을 주려고 해도 줄 수가 없었을 것이다. 선가禪家에서 전해 오는 고사 '줄탁동시啐啄同時'가 바로 이런 의미이기도 하다. 병아리가 안에서 달걀을 부수고 나오려고 몸부림을 칠 때 어미 닭이 밖에서 한 번 쪼아 주면 달걀이 쫙 갈라지는 것처럼, 먼저 학생이 간절하게 어떤 문제를 해결하려 애를 써야만 선생이 그를 도울 수 있는 것이다. 그러므로 중요한 것은 학생이 스스로 문제를 발견하고 그것을 해결하려 최선을 다하는 것이다. 선생은 단지 그를 계발시킬 뿐이다.

다른 한편, 선생만이 학생을 도울 수 있는 것은 아니다. 학생도 얼마든지 선생을 계발시킬 수 있다. 『예기』「학기學記」편에 '교학상장教學相長'이라는 표현이 나온다. 간단하게 말하면, 가르치고 배우면서 서로 성장한다는 뜻이다. 학생이야 배우니까 성장하지만, 선생은 가르치면서 어떻게 성장하지? 우리의 경험을 잘 되새겨 보면 선생이 성장하는 이유를 쉽게 알 수 있을 것이다. 요즘 중고등학생들에게도 권장하는 학습법이 바로 친구들과 서로 설명해 주는 것이라고 한다. 좋은 방법이다. 왜냐? 설명하기 위해서는 본인 스스로가 보다 더 분명하게 잘 알고 있어야만 하기 때문이다. 설명을 들었는데 이해가 가지 않으면 질문을 하게 되고, 질문을 받으면 좀 더 쉬운 방식으로 설명해야 할 것이다. 이런 과정에서 선생도 생각하지 못했던 부분을 다시 생각한다든지 혹은 보다 쉽게 전달할 수 있는 방법을 강구한다든지 등의 결과를 얻을 수 있다. 이것이 바로 선생의 성장이 아니겠는가?

공구는 진작부터 이와 같은 '교학상장'을 꾀했던 것 같다. 그래서 최고의 학생으로 사랑한 안회를 묵묵하게 받아들이기만 한다고 비판하기도 했다. "안회는 나를 돕는 사람이 아니다. 내 말에 기뻐하지 않음이 없다."[111] 잘 받아들이는 것도 학생으로서 훌륭한 자질이다. 그러나 학도가 선생의 권위만을 묵수黙守하게 되면, 그는 더 이상 좋은 학생이 아니다. 좋은 학생이란 선생에게 자극을 주어 선생과 함께 성장해야 하기 때문이다.

선생과 학생이 가르치고 배우는 과정에서 또 다른 중요 원칙은 '중용中庸'과 '인재시교因材施敎'이다. 먼저 중용이란 양 끝단의 중간을 의미하는 것이 아니라 지나치지도 모자라지도 않음을 뜻하며, 그래서 다른 말로 그 시기에 적절함을 뜻하는 '시중時中'이라고도 한다. '지나침은 미치지 못함과 같다'(過猶 不及)[112]는 공구의 유명한 명제가 바로 이런 중용의 의미를 가장 잘 표현한다. 그리고 공구는 이런 중용의 원리에 따라 학생들을 가르쳤기 때문에, 너무 진취적인 학생은 좀 자숙하도록 유도하고 너무 위축되는 학생은 좀 더 적극적일 수 있도록 지도했다. 그래서 "자로가 '들으면 곧바로 그것을 실행해야 합니까?'라고 묻자, 공구는 '부형이 계신데 어떻게 들었다고 곧바로 그것을 실행하겠는가?'라고 대답했다. (그런데) 염유가 '들으면 곧바로 그것을 실행해야 합니까?'라고 묻자, 공구는 '들으면 곧바로 실행해야지'라고 대답했다. 공서화公西華가 '…… 제가 의문이 생겨서 감히 묻습니다'라고 하자, 공구는

'염유는 물러나기에 나아가게 한 것이요, 자로는 다른 사람을 아우르기에 물러나게 한 것이다'라고 말했다."[113] 모든 훌륭한 선생의 특징이자 참으로 어려운 교육방법이 바로 이런 '인재시교'가 아닐 수 없다.

## 가르치고 배우는 중요 내용

군자가 널리 문헌을 배우고 그것을 예의로 단속한다면, 또한 도리에 어긋나지 않을 것이다.[114]

세 사람이 길을 간다면 거기에는 반드시 내 선생이 있다. 그 훌륭한 점을 골라 따르고 좋지 못한 점은 가려내어 (그와 같은 나의) 잘못을 고친다.[115]

선생님은 네 가지로 가르치셨다. 선왕의 문장과 덕행, 진실한 마음과 신의가 그것이다.[116]

많이 듣고서 그 훌륭한 것을 골라 따르고, 많이 보고서 그것을 기억하라.[117]

시詩에서 일어나고 예禮에서 서며 음악(樂)에서 이룬다.[118]

잘못된 행실을 고치는 것이 중요하다.…… 의미를 찾아내는 것이 중요하다.[119]

예가 아니면 보지도 말고 듣지도, 말하지도, 움직이지도 마라.[120]

군자는 화합하나 부화뇌동하지 않는다. 소인은 부화뇌동하나 화합하지 않는다.[121]

군자는 편안하지만 교만하지 않고, 소인은 교만하지만 편안하지 않다.[122]

이익을 보면 의를 생각하고 위태로움을 보면 생명을 던지며, 오랫동안 곤궁하더라도 평생의 말을 잊지 않는다면 인간다운 인간(成人)이라 할 수 있다.[123]

다른 사람이 자신을 알지 못한다고 걱정하지 말고, 자신의 무능을 걱정하라.[124]

이상에서 살펴본 내용들 이외에 공구는 또한 일상적인 충고나 구체적인 현실생활에서 필요할 것 같은 처세술 등도 많이 이야기했다. 심한 경우 오늘날 우리가 보기에 너무도 공정하지 못한 태도와 언설을 내비치기도 했다. 여기에서 그런 부분들을 소개하지 않는 까닭은 공구를 미화하기 위해서가 아니라 우리에게 전혀 도움이 되지 않기 때문이다. 공구가 절대자가 아닐진대, 어찌 완전히 시대를 초월하여 완벽할 수 있겠는가? 배움이란 좋고 훌륭한 것을 가려내어 학습하는 것이리라!

## 2) 인정

여러 번 반복해서 말하지만, 유학의 최종적인 이상은 '수기안인' 혹은 '내성외왕'이다. 앞에서 살펴본 것처럼 '수기'를 위해 '공부'가 필요하듯, '안인'을 위한 나름의 조치도 필요하다. 그것이 바로 '인정仁政'이다. '인정'은 또한 '덕치德治'라고도 불리며, 나중에 맹가는 '왕도王道정치'라 이름 붙이기도 했는데, 그 내용은 모두 같다. 한마디로, 강압적인 힘에 의해 다스리는 것이 아니라 '덕'으로 다스린다는 말이다.

**민본**

그런데 덕으로 다스리기 위해서는 우선 견지해야 하는 신념이 있다. 그것이 바로 '민본民本'이다. 이 민본 개념은 맹가가 인용하여 더욱 유명해진 『서경書經』「주서周書」의 구절에서 가장 먼저 보인다.

> 하늘은 나의 백성이 보는 것으로부터 보고, 듣는 것으로부터 듣는다.[125]

여기에서 말하는 '하늘'은 고대 중국인들이 상상하던 인격신적인 존재를 가리킨다. 이 '하늘'은 온 세상을 관장하는데, 인간 세상에 대해서는 직접 관리하지 않고 특별히 한 족속을 선택하여 자신을 대리하게 한다. 그래서 옛날에 중국에서는 황제를 '천자天子', 즉 하늘의 아들이라고 부르기도 했다. 하늘은 아들을 선택할 때 '덕', 즉 훌륭한 마음씨와 품행을 기준으로 한다. 만일 선택한 아들의 '덕'이 떨어지게, 즉 타락하게 되면 그의 대리권은 다른 족속에게 이양된다. 따라서 아들은 반드시 '덕'을 잘 닦아야만 한다. 그런데 인용문에서 보이는 것처럼, 하늘은 아들의 '덕'이 어떤지 직접 살피는 것이 아니라, 백성이 보고 듣는 것을 통해서 살핀다. 그렇다면 결국 백성이 보고 들은 것들이 바로 하늘이 살핀 내용이 될 수밖에 없다. 따라서 하늘의 대리인인 통치자는 하늘의 뜻으로 나타나는 백성의 의견을 꿰뚫어 보고 그들을 만족시켜야만 자신의 통치권을 유지할 수 있다. 이처럼 통치자가 무엇을 기준으로 통치행위를 해야 하는가를 보여 주는 것이 '민본'이라는 사상의 근본적인 의미이다.

잠시만 옆길로 가자면, 일반 사람들은 물론이고 어떤 경우 학자들마저도 '민본'과 '민주'를 명확히 구분하지 않거나, 혹은 '민본'으로부터 '민주'로 발전할 수 있다고 주장하기도 한다. 그러나 그것은 엄청난 오해이다. 결코 그렇게 될 수 없다. 개념 자체가 전혀 다르기 때문이다. 우선 '민본'은 백성이 근본이라는 말이지만, '민주'는 인민이 주인이라는 말이다. '근본'이란 무엇인가? 바로 통치행위를 이끄는 기준이 된다는 의미일 뿐, 권력이 거기에 있다는 말은 아니다. 다시 말해서, 민본에서 백성은 단지 통치의 대상으로, 통치자가 베푸는 은혜를 입는 존재일 뿐이지 통치의 주체일 수는 없다. 그러나 '민주'는 말 그대로 인민 스스로가 주인이기 때문에 결코·대상만일 수는 없다. 한마디로, '민본'에서 인민은 대상이 될 뿐이지만 '민주'에서는 대상이 됨과 동시에 또한 권력을 소유한 존재이기도 하다. 그러므로 둘은 전혀 다르며, '민본'에서 '민주'로 발전할 수도 없는 것이다.

다시 우리 주제로 돌아오자. 그렇다면 공구는 이런 민본을 어떻게 이해했는가?

> 자공子貢이 정치에 대해 묻자, 공구는 "먹을 것을 충분하게 하고 군대를 충실하게 하며, 백성이 신뢰하게 해야 한다"고 말했다. 자공이 "부득이하여 반드시 버려야 한다면, 이 세 가지 중에서 어느 것을 먼저 버리겠습니까?" 하자, 공구는 "군대를 버리겠다"고 말했다. 자공이 또 "부득이하여 반드시 버려야 한다면, 그 둘 중에서 어느 것을 먼저 버리겠습니까?" 하자, 공구는 "먹을 것을 버리겠다. 자고로 (사람은) 모두 죽는다. 그러나 백성의 신뢰가 없으면 (나라가) 존립하지 못한다"고 말했다.[126]

공구가 생각하기에, 한 국가(정확하게 실제적으로는 특정 정권)가 유지되기 위해서는 우선 기본적인 의식주가 만족되어야 하고 스스로를 방위할 군사력이 있어야 하며, 나아가 통치를 받는 백성의 신뢰가 있어야만 한다. 그러나 이 세 가지 요소에는 우선순위가 있다. 군사력은 국가를 방위하기 위해 꼭 필요하지만, 국가를 구성하는 인민들이 먹고 입을 것이 없다면 아무리 강력한 핵무기가 있다 해도 그것이 무슨 의미가 있겠는가? 자연재해로 모든 것을 잃은 인민들에게는 당장 먹을 식량이 중요할 수밖에 없다. 그러나 한 나라에 먹고 입을 것만 충분하다고 해서, 경제적으로 여유가 있다고 해서 그 정권이 충분히 유지된다고 장담할 수는 없다. 인간은 빵만으로 살아가는 짐승이 아니기 때문이다. 통치자의 권력은 인민들의 신뢰가 바탕이 되어야만 유지될 수 있다. 그러니 어떻게 백성을 통치의 근본으로 하지 않을 수 있겠는가? 이것이 바로 공구가 이해한 민본이다. 그래서 그는, "백성은 시기에 유의하여 부려야 한다"[127]거나 "가르치지 않은 백성으로 전쟁을 한다면, 이는 그들을 버리는 것이라고 말한다"[128]라고 했다. 이런 언급들은 모두 통치자들에게 '민본'을 염두에 둘 것을 강조한 내용이다.

## 덕치

이상과 같은 민본 개념이 확립되어야만 '덕으로 다스리는 정치', 덕치德治가 가능하다. 그렇다면 구체적으로 어떻게 다스리는 것이 덕치인가? 공구는 우선 백성으로 하여금 임금이 자리를 잡고 있다는 느낌이나 생각조차 하지 못하도록 하는 것이 덕치의 기본이라고 주장했다.

덕으로 다스리는 것은 마치 북극성은 제자리에 있고 뭇 별들이 그것을 향하는 것과 같다.[129]

무위無爲하면서도 (제대로) 다스린 분은 순임금이리라. 무엇을 하셨던가? 자신을 공손히 하고 똑바로 남면南面했을 뿐이다.[130]

우리야 다 아는 얘기지만, 옛사람들은 지구가 스스로도 돌고 태양의 주위도 빙빙 돈다는 사실을 전혀 생각지도 못했을 것이다. 사실 우리들도 이론적으로만 그렇게 생각하지 평상시에는 결코 그렇게 느끼지 못한다. 아무튼, 지구의 자전과 공전을 모르던 옛사람들은 북극성이 방위를 지정하여 운동하는 모든 별의 기준이 된다고 생각했다. 임금은 이런 북극성과 같이 방향을 지정하기만 할 뿐, 억지로 어떤 사업을 벌려서는 안 된다. 오히려 순임금이 그랬던 것처럼, 중요한 사업은 각각의 전문가에게 맡기고 자신은 스스로 올곧게 하여 단지 자리만 확고하게 잡고 있으면 되는 것이다. 임금이 겉으로 드러나지 않으니, 백성이 어떻게 그의 존재를 알 수 있겠는가? 이처럼 임금의 존재가 느껴지지 않는 정치가 바로 '덕치'의 기본이다. 그래서 또 "태백泰伯은 덕이 지극하다 일컬을 만하구나! 세 번이나 천하를 사양했지만, 백성이 칭찬할 수도 없게 했다"[131]고 공구는 주周 문왕文王의 큰아버지를 칭송했다. 태백은 큰아들이니 왕위를 물려받게 되어 있었다. 그러나 막내 동생인 계력季歷의 아들, 즉 훗날의 문왕이 큰 그릇임을 알고 사양할 방도도 없게 왕위를 밀쳐내 버렸다. 이런 사실을 일반 백성이 어찌 알 수 있었겠는가? 바로 이와 같은 훌륭한 행위가 바로 '덕'이며, 이런 '덕'에 근거하여 정치를 베푸는 것이 곧 '덕치'인 것이다.

'무위'의 정치로 표현되기도 하는 '덕치'는 결코 아무 것도 하지 않는 'non-action'이 아니다. 그것은 단지 여러 정치적 조치를 마련해서 백성을 사지로 내모는 일이 없도록 하는 것이며, 또한 일종의 좋은 시범을 보이는 것이라고도 말할 수 있다. 그래서 공구는 계강자季康子가 정치에 대해 물었을 때 "당신이 정치를 하는데 어찌 사람을 죽이는 방법을 쓰십니까? 당신이 선하고자 하면 백성은 선해질 것입니다. 군자의 덕은 바람과 같고 소인의 행위는 풀과 같습니다. 풀 위로 바람이 지나가면, 그 풀은 반드시 쓰러질 것입니다"[132]라고 말했던 것이다. 통치자의 행위는 바람과 같고 일반 백성의 행동은 풀과 같다. 따라서 바람이 불면 풀이 쓰러지듯, 백성은 통치자의 영향을 받지 않을 수 없다. 그러니 통치자는 반드시 세상의 이치와 도리에 맞는 행동과 조치를 베풀어야 한다. 그가 어찌 세상의 이치와 도리를 벗어날 수 있겠는가?

그렇다면 무엇이 세상의 이치와 도리에 어울리는 것일까?

백성을 명령으로 이끌고 형벌로 가지런히 한다면, 그들은 피할 뿐 부끄러워하지 않을 것이다. (그러나) 덕으로 인도하고 예로 가지런히 한다면, 부끄러워할 뿐만 아니라 바르게도 될 것이다.[133]

예양禮讓으로 나라를 다스린다면 무슨 어려움이 있겠는가? (반대로) 예양으로 다스릴 수 없다면 예가 무슨 소용이 있겠는가?[134]

세상의 이치와 도리에 어울리는 것은 역시 예, 즉 스스로를 사람으로 표현할 수 있는 우아한 방법이다. 통치자가 만일 자신의 사특한 이익을 이루기 위해 세상의 이치와 도리는 안중에 두지도 않고 강압적인 조치와 그것을 위반했을 때의 가혹한 형벌로만 백성을 다스린다면, 백성은 그런 악마와도 같은 조치와 형벌을 피하기에 급급할 것이다. 그러나 만일 '민본'에 근거한 훌륭한 행위로 백성을 이끌며 우아하고 품위 있는 예의로 백성에게 질서를 찾아 준다면, 백성은 본래적인 심성을 회복하여 염치마저 깨닫는 '사람'이 될 것이다. 그러므로 정치는 '덕치', 즉 강압적인 조치나 가혹한 형벌이 아닌 우아하고 품위 있는 예의로 다스리는 것이다. 에휴, 자기들끼리도 강압적이고 가혹한 우리의 정객들은 언제나 '덕치'를 깨닫고 한 번이라도 실행하는 시늉을 해 보시려나?……

한숨은 접어 두고, 다른 측면에서 '덕치'를 살펴보자. 공구는 또한 "정치(政)란 바로잡는(正) 것이다. 당신이 (바른) 정치로 통솔한다면, 누가 감히 바르지 않겠는가?"[135]라고 말했다. 그렇다면 그는 무엇을 어떻게 '바로잡으려' 했는가?

공구가 위나라로 갈 때 염유(冉有)가 수레를 몰았다. 공구가 "백성이 많구나"라고 말했다. 염유가 "이미 많다면 또 무엇을 더해야 합니까?"라고 묻자, "부유하게 해야지"라고 말했다. "이미 부유하다면, 또 무엇을 더해야 합니까?"라고 묻자, "가르쳐야지"라고 말했다. [136]

한마디로 공구는 국가에 인민들이 많고 그들이 물질적으로 풍족하며, 나아가 그들을 문화적으로도 품위 있게 만드는 것이 '정치', 즉 '바로잡는' 것이라고 생각했다. 그렇게 되면 "노인들은 편안하게 하고 벗들은 믿게 하며 젊은이들은 품어주고 싶다"[137]는 공구의 꿈도 이루어질 것이다.

## 정명

위에서 말한 것과 같은 '정치', 즉 '바로잡음'은 일종의 목표이지만 상당히 추상적으로 보인다. 조금만 더 구체적으로 말한다면 어떤 것들이 '바로잡음'일 수 있겠는가? 공구가 생각하기에 그것은 우선 '이름'이어야 한다.

임금은 임금다워야 하고 신하는 신하다워야 하며, 아버지는 아버지다워야 하고 아들은 아들다워야 한다. [138]

위 인용문은 너무도 유명한 말이며, 대부분의 사람들이 공감하는 말일 것이다. 그러나 언뜻 알아들을 것 같으면서도, 다시 한 번 생각해 보면 막연해서 뭔가 손에 잡히는 것이 없는 것도 같다. 왜 그럴까? 임금이 임금답다는 평가는 객관적인 조건들이 제시될 때만 가능하기 때문이다. 임금 스스로는 자기가 매우 '임금답다'고 생각하지만, 그를 제외한 모든 신하와 백성은 전혀 그렇지 않다고 생각할 수도 있다. '객관적인 조건들'은 없고, 단지 '주관적인 판단'만이 있기 때문이다. 모든 행위에 대한 규정이 구체적으로 제시되어야, 즉 어떤 행동은 해야 하고 또 다른 어떤 행동들은 하지 말아야 한다는 등의 규정이 이미 준비되어 있어야만 '임금답게, 신하답게, 아버지답게, 아들답게'가 가능하다. 물론 공구 당시에도 그런 규정은 어느 정도 갖춰져 있었다. 그러나 그것은 매우 성긴 형태였기 때문에, 사실은 도덕적 품격의 연마를 더욱 중시했다. 그래서 또한 덕목이 강조된다. "임금은 예로 신하를 부리고, 신하는 진심으로 임금을 섬겨야 한다."[139] "자로가 임금 섬김에 대해 묻자, 공구는 '속이지 말아야 하지만, (잘못이 있으면) 직언해야 한다'고 말했다."[140] 달리 표현하면, 임금은 예의를 갖춰 신하를 대하고 신하는 충성을 다하지만 비굴해서는 안

되며, 아비는 자애하고 자식은 효도해야 한다. 정명正名의 실제 내용은 다른 것이 아니라 바로 이와 같은 것이다. 그것은 도덕적 품격에 근거하는 것이다.

잠깐 옆길로 새는 것이지만, 여기에서 우리는 또한 다음을 알 수 있다. 유학에서의 정치는 덕목이 강조되는 '인치人治'이지 '법치'가 아니다. 또, 또, 이상하다. 법률이 잘 정비되어 있어야지 훌륭한 사회체제이지, 어떻게 오락가락할 수 있는 '사람'만 믿는 사회가 훌륭할 수 있겠는가? 부패가 만연하는 이유가 바로 '인치' 때문이 아닌가? 그렇다. 일반적인 정황에서의 '인치'는 거의 부패로 연결되는 경우가 많다. 그러나 유학에서 말하는 '인치'는 이와 좀 다르다. 공구의 유학에서는 '법'보다 '사람'이 우선이다. 왜냐? '법'은 제아무리 완벽하게 정비되었다 하더라도 구멍이 없을 수 없고, 또한 결국은 사람에 의해 운영될 수밖에 없기 때문이다. 따라서 법률은 비록 성글더라도, 그것을 운영하는 사람이 훌륭하다면 얼마든지 멋진 세상을 만들 수 있는 것이다. 이런 맥락에서 공구는 그토록 통치자들에 대한 교육, 특히 도덕교육을 중시하고 그들의 솔선수범을 강조하는 것이다. "자신이 바르면 명령하지 않아도 실행될 것이지만, 자신이 바르지 않으면 설령 명령하더라도 따르지 않을 것이다."[141] "자기 자신을 바르게 한다면 정치에 종사하는 데 어떤 어려움이 있겠는가? 자신을 바르게 하지 못한다면 어떻게 다른 사람을 바르게 하겠는가?"[142]

그러나 오늘날처럼 전문적인 분야가 매우 상세하게 구분되어 보통 사람들은 그것을 이해하기조차 어려운 사회에서 법률의 정비는 그 어떤 시절보다 훨씬 중요할 수밖에 없다. 그러므로 공구처럼 '인치'에만 중점을 둘 수 없는 것도 사실이다. 우리는 각 분야의 전문가를 길러 내야 한다. 그렇지만 그들이 자기의 분야에서 제대로 활동하게 하기 위해서라도 반드시 도덕적 품격을 갖추게 하는 교육은 필요하다. 결국 '법치'와 '인치'는 반드시 상호 보완되어야 하는 것이다.

다시 돌아오자. 공구는 반드시 '정명'해야 하는 이유를 다음과 같이 설명했다. "이름이 바르지 않으면 말에 순서가 없게 되고, 말에 순서가 없어지면 일이 이뤄지지 않는다. 일이 이뤄지지 않으면 예악이 일어나지 못하고, 예악이 실행되지 못하면 형벌이 적절하게 시행되지 않는다. 형벌이 적절하게 시행되지 않으면 백성은 손과 발을 둘 곳이 없게 될 것이다."[143] 한마디로 말해서, 이름과 그 실질이 합일되어야만 국가 운영의 모든 일이 가능하며, 그래야만 백성의 삶이 기본적인 안정을 찾아 그들이 생활에 전념할 수 있다는 의미이다. 결국 '정명'도 인민들을 위한 정치를 뒷받침하기 위한 것이다.

## 통치 자세와 정치 조치

'민본'에 근거한 '덕치'에는 위와 같은 '정명'의 방법이 우선 되어야 할 뿐만 아니라, 통치자의 기본적인 마음가짐으로부터 기타 여러 가지 정치적 조치들이 필요하다. 여기에서 우리가 그 모든 것을 살펴볼 수는 없겠지만, 몇몇 대표적이고 원칙적인 의미를 갖는 공구의 언급은 소개할 수 있을 것이다.

우선 공구는 "군주와 경대부는 토지와 인민이 적은 것을 근심하지 않고 공평하지 않을까 걱정하며, 자신의 빈한함을 근심하지 않고 백성이 편안하지 않을까 걱정한다. 공평하면 통치자가 가난할 수 없고 위아래가 화목하면 백성이 적어지지 않을 것이며, 평안하면 나라가 기울어지지 않을 것이다"[144]라고 말했다. 하나의 국가(제후국)나 도시(대부 집안)를 다스리는 사람은 권력의 신장을 위해 넓은 토지와 많은 인민을 원한다.

176

하지만 그렇다고 해서 훌륭한 국가나 도시가 되는 것은 아니다. 오히려 백성이 적어도 경제적 측면에서만이라도 공평하다고 생각하여 큰 불만이 없다면, 그 국가나 도시는 안정될 것이다. 나아가 통치자 자신이 의도하는 좋은 결과(聖君내지 覇王)까지 얻을 수도 있다. 그러므로 통치자들은 백성이 불만을 느낄 만한 정치적 조치들을 시행하지 않는 것이 좋다. 그래야 백성과 화목한 관계를 유지할 수 있을 것이다. 인민들이 싫어하는 짓만 골라서 한다면 그 나라와 권력이 제대로 굴러가고 유지되겠는가?

위에서 말한 것과 같은 정치적 조치는 최고 통치자가 직접 계획하고 집행하는 경우도 있지만, 그것은 기본적으로 '덕치'의 방법인 '무위의 통치'에 위배된다. 그렇다면 어떻게 해야 할까? 당연히 관리를 선발하여 그들에게 각자의 능력에 맞는 사업을 맡겨야 한다. 그런 관리들을 선발하는 원칙에 대해 공구는 이렇게 말했다.

곧은 사람을 선발하여 굽은 사람 위에 앉히면 백성이 복종할 것이다. (반대로) 굽은 사람을 선발해서 곧은 사람 위에 앉히면 백성이 복종하지 않을 것이다.[145]

자공이 "마을 사람들이 모두 그를 좋아하면 어떻습니까?" 하고 묻자, 공구는 "아직 안 된다"고 대답했다. (다시) "마을 사람들이 모두 그를 싫어하면 어떻습니까?" 하고 묻자, 공구는 "아직 안 된다. 마을 사람 가운데 착한 사람은 그를 좋아하고, 착하지 못한 사람은 싫어하는 것만 못하다"라고 말했다.[146]

많은 사람이 그를 미워해도 반드시 살펴야 하고, 여러 사람이 그를 좋아해도 반드시 살펴야 한다.[147]

공구에 따르면, 인재의 선발은 두 가지 원칙에 따라야 한다. 첫째, '인지상정'에 근거하여 정직한 사람을 부정한 사람 윗자리에 올려놓아 부정을 방지하는 것이다. 이런 인사관리가 이른바 '정의로운 사회'를 구현할 수 있는 기반이 될 것이다. 그러나 유학에서 말하는 정직함은 앞에서 설명한 것처럼 우리가 일반적으로 생각하는 '있는 그대로'를 의미하지는 않는다.(「효제」 끝부분 참조) 둘째, 아무리 많은 사람이 천거하거나 거부권을 사용하더라도 통치자 자신이 직접 그를 살펴야 한다. 이때 통치자 자신은 도덕적으로 뛰어난 인물이어야 하며, 그런 도덕적 품격에 근거하여 인재들을 적절하게 평가할 수 있어야 한다. 그리고 평가의 기준은 '착한 사람의 좋아함'과

'착하지 못한 사람의 싫어함'이다. 착한 사람이 그를 좋아하지 않는다면 그에게 분명 무엇인가 구린 내용이 있을 것이며, 착하지 못한 사람이 그를 싫어하지 않는다면 그에게는 또한 야합野合하는 행위들이 있을 것이기 때문이다. 정리하자면, 인재 선발이란 도덕적 품격이 뛰어난 통치자가 천거된 인물을 자세히 살펴서 '정직하다'고 생각되며 '착한 사람이 좋아하고 착하지 못한 사람이 싫어하는' 이를 윗자리에 앉히는 것이다. 그래야만 인민들이 편안하게 생업에 종사하며 정치를 잊고 살아갈 수 있는 것이다.

위와 같은 방법으로 인재를 선발하고 나면 이제 통치자는 어떻게 해야 하는가? 그것은 바로 덕치의 방법인 '통치자의 무위'를 실현하기 위해 관료들에게 책임정치를 실행시키는 것이다. 공구는 "그 자리 있지 않으면 그 정사를 도모하지 않는다"[148]라고 말했다. 이는 기본적으로 월권을 방지하려는 의미를 갖지만, 책임정치를 강조하기 위한 것이기도 하다. 그래서 더 구체적으로, "중궁이 계씨季氏의 가신이 되어 정치를 묻자, 공구는 '먼저 담당 관리에게 맡기고 작은 실수는 용서하라. 현명한 인재를 등용하라'고 말했다."[149] 전체를 관리해야 하는 자리에 있는 책임자는 각 부분에 대해 직접적으로 간여하려 해서는 안 된다. 각 분야는 그 분야의 전문가에게 맡겨야 소기의 성과를 얻을 수 있다. 사장이 모든 이사와 부장의 일을 다 할 수는 없지 않은가? 다만, 최종적인 목표를 분명하게 제시하여 전문가들로 하여금 각자 자신의 분야에서 그 목표를 달성하기 위한 방안을 강구하고, 그에 따라 구체적인 조치를 취하도록 하는 것이 CEO인 것이다.

이상에서 살펴본 공구의 인정仁政론은 기본적으로 커다란 방향과 원칙을 제시하고 있다. 그러나 그는 또한 여러 계층의 사람들과 문답했기 때문에, 그때그때 주어진 질문에 따라 원칙이 아닌 구체적인 실례를 들어 설명하는 경우도 많았다. 이런 부분들 때문에 정치적 조언이나 일상적 충고와 같은 느낌을 받는 것도 사실이다. 그러나 더 큰 비애는 「인생목표」 마지막 부분에서 언급한 것처럼, 도덕적 완성이 사회정치적 성공을 담보한다는 생각으로부터 탄생한다. 도덕이 곧 정치의 성공을 담보하지는 못한다. 그러나 유학은 그것에 발목이 잡혔다. 기실 공구에게서 '인정'론 등이 이야기되기는 하지만, 그것은 결코 우리가 정치학이라는 수준에서 논할 수 있는 내용이 아니다. 그 이유는 간단하다. 이론적인 체계가 엄밀하게 갖춰져 있지 못하기 때문이다. 이는 도덕주체성을 통한 이상 인격의 완성을 말하는 '내성' 부분과 확연한 차이를 보이는 것이다. 공구는 '내성'에 도달하면 '외왕'은 자연스럽게 이뤄 진다고 생각했다. 이런 생각이 불행하게도 거의 유학의 명줄 이 끊어지는 날(서구열강의 침략)까지 지속되었다. 20세기 이후 의 현대 유학계는 그래서 '신외왕'이라는 화두를 던지고 아직 까지 참구參究를 거듭하고 있다. '신외왕'이란 유학의 사회정 치사상 체계를 그것의 도덕철학과 같은 수준으로 끌어올리려 는 것이다. 이런 노력은 마땅하고 당연한 것이다. 그래야만 21세기 유비쿼터스의 시대, 스피드와 편리성을 강조하는 시대 에도 유학의 생명력이 유지될 것이기 때문이다. 또 그래야만 유학도 가치 혼란의 시대이자 문화 다원화의 시대에 하나의 선택지가 될 수 있는 것이다.

▼ ▼

**공구가 말하는 예**

1▶ 「八佾」 14, "子曰: '周監於二代, 郁郁乎文哉! 吾從周.'"

2▶ 「子罕」5, “子畏於匡. 曰: ‘文王旣沒, 文不在玆乎? 天之將喪斯文也, 後死者
不得與於斯文也; 天之未喪斯文也, 匡人其如予何?’”

3▶ 「泰伯」7, “曾子曰: ‘士不可以不弘毅, 任重而道遠. 仁以爲己任, 不亦重乎?
死而後已, 不亦遠乎?’”

4▶ 「泰伯」2, “子曰: ‘恭而無禮則勞, 愼而無禮則葸, 勇而無禮則亂, 直而無禮則
絞. 君子篤於親, 則民興於仁; 故舊不遺, 則民不偸.’”

5▶ 「先進」1, “子曰: ‘先進於禮樂, 野人也; 後進於禮樂, 君子也. 如用之, 則吾
從先進.’”

6▶ 「衞靈公」33, “子曰: ‘知及之, 仁不能守之; 雖得之, 必失之. 知及之, 仁能守
之, 莊以涖之. 動之不以禮, 未善也.’”

## 예는 마음을 담아야 한다

7▶ 「八佾」15, “子入大廟, 每事問. 或曰: ‘孰謂鄹人之子知禮乎? 入大廟, 每事
問.’ 子聞之曰: ‘是禮也.’”

8▶ 「陽貨」11, “子曰: ‘禮云禮云, 玉帛云乎哉? 樂云樂云, 鐘鼓云乎哉?’”

9▶ 「爲政」7, “子曰: ‘今之孝者, 是謂能養. 至於犬馬, 皆能有養; 不敬, 何以別
乎?’”

10▶ 「八佾」17, “子貢欲去告朔之餼羊. 子曰: ‘賜也, 爾愛其羊, 我愛其禮.’”

11▶ 「八佾」4, “林放問禮之本. 子曰: ‘大哉問! 禮, 與其奢也, 寧儉. 喪, 與其易
也, 寧戚.’”

12▶ 「子罕」3, “子曰: ‘麻冕, 禮也; 今也純, 儉. 吾從衆. 拜下, 禮也; 今拜乎上,
泰也. 雖違衆, 吾從下.’”

## 예의 기준이 되는 의

13▶ 「衞靈公」18, “子曰: ‘君子義以爲質, 禮以行之.’”

182

14▸ 「爲政」24, “子曰: ‘……見義不爲, 無勇也.’”

15▸ 「里仁」10, “子曰: ‘君子之於天下也, 無適也, 無莫也, 義之與比.’”

16▸ 「里仁」16, “子曰: ‘君子喩於義, 小人喩於利.’”

17▸ 「述而」3, “子曰: ‘德之不脩, 學之不講, 聞義不能徙, 不善不能改, 是吾憂也.’”

18▸ 「憲問」12, “見利思義.”

## 어진 사람과 정치적 목표

19▸ 「學而」6, “汎愛衆, 而親仁.”

20▸ 「憲問」4, “仁者必有勇, 勇者不必有仁.”

21▸ 「憲問」28, “仁者不憂, 知者不惑, 勇者不懼.”

22▸ 「微子」1, “微子去之, 箕子爲之奴, 比干諫而死. 孔子曰: ‘殷有三仁焉.’”

23▸ 「子路」12, “子曰: ‘如有王者, 必世而後仁.’”

24▸ 「衛靈公」35, “子曰: ‘民之於仁也, 甚於水火.’”

## 인함을 평가하는 엄격성

25▸ 「雍也」11, “子曰: ‘賢哉, 回也! 一簞食, 一瓢飲, 在陋巷. 人不堪其憂, 回也不改其樂. 賢哉, 回也!’”

26▸ 「公冶長」5, “或曰: ‘雍也仁而不佞.’ 子曰: ‘焉用佞? 禦人以口給, 屢憎於人. 不知其仁, 焉用佞?’”

27▸ 「公冶長」8, “孟武伯問: ‘子路仁乎?’ 子曰: ‘不知也.’ 又問. 子曰: ‘由也, 千乘之國, 可使治其賦也, 不知其仁也.’”

28▸ 「公冶長」19, “子張問曰: ‘令尹子文三仕爲令尹, 無喜色; 三已之, 無慍色. 舊令尹之政, 必以告新令尹. 何如?’ 子曰: ‘忠矣.’ 曰: ‘仁矣乎?’ 曰: ‘未知, 焉得仁?’”

29▶ 「憲問」1, "'克, 伐, 怨, 欲不行焉, 可以爲仁矣?' 子曰: '可以爲難矣, 仁則吾
不知也.'"

## 인에 대한 제자들과의 문답

30▶ 「顏淵」1, "顏淵問仁. 子曰: '克己復禮爲仁.'"

31▶ 「顏淵」2, "仲弓問仁. 子曰: '出門如見大賓, 使民如承大祭. 己所不欲, 勿
施於人. 在邦無怨, 在家無怨.'"

32▶ 「顏淵」3, "司馬牛問仁. 子曰: '仁者其言也訒.'"

33▶ 「顏淵」22, "樊遲問仁. 子曰: '愛人.'"

34▶ 「子路」19, "樊遲問仁. 子曰: '居處恭, 執事敬, 與人忠. 雖之夷狄, 不可棄
也.'"

35▶ 「衛靈公」10, "子貢問爲仁. 子曰: '工欲善其事, 必先利其器. 居是邦也, 事
其大夫之賢者, 友其士之仁者.'"

36▶ 「陽貨」6, "子張問仁於孔子. 孔子曰: '能行五者於天下, 爲仁矣.' 請問之.
曰: '恭 寬 信 敏 惠. 恭則不侮, 寬則得衆, 信則人任焉, 敏則有功, 惠則足
以使人.'"

## 인은 곧 훌륭한 행위

37▶ 「子路」27, "子曰: '剛毅木訥, 近仁.'"

38▶ 「學而」3, "子曰: '巧言令色, 鮮矣仁!'"

39▶ 「衛靈公」9, "子曰: '志士仁人, 無求生以害仁, 有殺身以成仁.'"

40▶ 「里仁」3, "子曰: '唯仁者能好人, 能惡人.'"

41▶ 「里仁」5, "子曰: '富與貴是人之所欲也, 不以其道得之, 不處也; 貧與賤是
人之所惡也, 不以其道得之, 不去也. 君子去仁, 惡乎成名? 君子無終食之
間違仁, 造次必於是, 顚沛必於是.'"

42▶ 「里仁」7, "子曰: '人之過也, 各於其黨. 觀過, 斯知仁矣.'"

43▶ 「里仁」4, "子曰: '苟志於仁矣, 無惡也.'"

## 인은 또한 공익

44▶ 「憲問」16, "子曰: '桓公九合諸侯, 不以兵車, 管仲之力也. 如其仁! 如其仁!'"

45▶ 「憲問」17, "子貢曰: '管仲非仁者與? 桓公殺公子糾, 不能死, 又相之.' 子曰: '管仲相桓公, 霸諸侯, 一匡天下, 民到于今受其賜. 微管仲, 吾其被髮左衽矣. 豈若匹夫匹婦之爲諒也, 自經於溝瀆而莫之知也.'"

46▶ 「憲問」6, "子曰: '君子而不仁者有矣夫, 未有小人而仁者也.'"

47▶ 「八佾」22, "子曰: '管仲之器小哉!' 或曰: '管仲儉乎?' 曰: '管氏有三歸, 官事不攝, 焉得儉?' '然則管仲知禮乎?' 曰: '邦君樹塞門, 管氏亦樹塞門; 邦君爲兩君之好, 有反坫, 管氏亦有反坫. 管氏而知禮, 孰不知禮?'"

## 도덕주체성

48▶ 「八佾」3, "子曰: '人而不仁, 如禮何? 人而不仁, 如樂何?'"

49▶ 「顔淵」1, "爲仁由己, 而由人乎哉?"

50▶ 「述而」30, "子曰: '仁遠乎哉? 我欲仁, 斯仁至矣.'"

51▶ 「陽貨」21, "宰我問: '三年之喪, 期已久矣. 君子三年不爲禮, 禮必壞; 三年不爲樂, 樂必崩. 舊穀旣沒, 新穀旣升, 鑽燧改火, 期可已矣.' 子曰: '食夫稻, 衣夫錦, 於女安乎?' 曰: '安.' '女安則爲之! 夫君子之居喪, 食旨不甘, 聞樂不樂, 居處不安, 故不爲也. 今女安, 則爲之!' 宰我出. 子曰: '予之不仁也! 子生三年, 然後免於父母之懷. 夫三年之喪, 天下之通喪也. 予也有三年之愛於其父母乎?'"

## 인에 관련된 공구의 기타 언급들

52▶ 「里仁」1, "子曰: '里仁爲美. 擇不處仁, 焉得知?'"

53▶「里仁」2, "子曰: '不仁者不可以久處約, 不可以長處樂. 仁者安仁, 知者利仁.'"

54~55▶「里仁」6, "子曰: '我未見好仁者, 惡不仁者. 好仁者, 無以尙之; 惡不仁者, 其爲仁矣, 不使不仁者加乎其身. 有能一日用其力於仁矣乎? 我未見力不足者. 蓋有之矣, 我未之見也.'"

56▶「雍也」7, "子曰: '回也, 其心三月不違仁, 其餘則日月至焉而已矣.'"

57▶「衛靈公」36, "子曰: '當仁不讓於師.'"

58▶「陽貨」8, "好仁不好學, 其蔽也愚."

## 충과 서

59▶「里仁」15, "子曰: '參乎! 吾道一以貫之.' 曾子曰: '唯.' 子出. 門人問曰: '何謂也?' 曾子曰: '夫子之道, 忠恕而已矣.'"

60▶「顏淵」1, "克己復禮爲仁."

61▶「顏淵」2, "出門如見大賓, 使民如承大祭. 己所不欲, 勿施於人. 在邦無怨, 在家無怨."

62▶「子路」19, "居處恭, 執事敬, 與人忠. 雖之夷狄, 不可棄也."

63▶「子路」27, "剛毅木訥, 近仁."

64▶「衛靈公」24, "子貢問曰: '有一言而可以終身行之者乎?' 子曰: '其恕乎! 己所不欲, 勿施於人.'"

65▶「雍也」30, "子貢曰: '如有博施於民而能濟衆, 何如? 可謂仁乎?' 子曰: '何事於仁, 必也聖乎! 堯舜其猶病諸! 夫仁者, 己欲立而立人, 己欲達而達人. 能近取譬, 可謂仁之方也已.'"

## 효제

66▶「學而」6, "子曰: '弟子入則孝, 出則弟, 謹而信, 汎愛衆, 而親仁. 行有餘力,則以學文.'"

67▶ 「爲政」 7, "今之孝者, 是謂能養. 至於犬馬, 皆能有養; 不敬, 何以別乎?"

68▶ 「爲政」 6, "父母唯其疾之憂."

69▶ 「爲政」 8, "子曰: '色難. 有事弟子服其勞, 有酒食先生饌, 曾是以爲孝乎?'"

70▶ 「里仁」 18, "子曰: '事父母幾諫. 見志不從, 又敬不違, 勞而不怨.'"

71▶ 「里仁」 19, "子曰: '父母在, 不遠遊. 遊必有方.'"

72▶ 「里仁」 21, "子曰: '父母之年, 不可不知也. 一則以喜, 一則以懼.'"

73▶ 「學而」 11, "子曰: '父在, 觀其志; 父沒, 觀其行; 三年無改於父之道, 可謂孝
矣.'"

74▶ 「陽貨」 21, "宰我問: '三年之喪, 期已久矣. 君子三年不爲禮, 禮必壞; 三年
不爲樂, 樂必崩. 舊穀旣沒, 新穀旣升, 鑽燧改火, 期可已矣.' 子曰: '食夫稻,
衣夫錦, 於女安乎?' 曰: '安.' '女安則爲之! 夫君子之居喪, 食旨不甘, 聞樂
不樂, 居處不安, 故不爲也. 今女安, 則爲之!' 宰我出. 子曰: '予之不仁也!
子生三年, 然後免於父母之懷. 夫三年之喪, 天下之通喪也. 予也有三年之
愛於其父母乎?'"

75▶ 「公冶長」 24, "子曰: '孰謂微生高直? 或乞醯焉, 乞諸其鄰而與之.'"

76▶ 「子路」 18, "葉公語孔子曰: '吾黨有直躬者, 其父攘羊, 而子證之.' 孔子曰:
'吾黨之直者異於是. 父爲子隱, 子爲父隱, 直在其中矣.'"

77▶ 「爲政」 17, "知之爲知之, 不知爲不知, 是知也."

78▶ 『論語』, 「憲問」 34와 『禮記』, 「檀弓 上」 참조.

**앎과 배움 그리고 생각함**

79▶ 「雍也」 20, "子曰: '知之者不如好之者, 好之者不如樂之者.'"

80▶ 「雍也」 3, "有顔回者好學, 不遷怒, 不貳過."

81▶「衞靈公」3, "子曰: '賜也, 女以予爲多學而識之者與?' 對曰: '然, 非與?' 曰: '非也, 予一以貫之.'"

82▶「憲問」35, "下學而上達."

83▶「陽貨」8, "好仁不好學, 其蔽也愚; 好知不好學, 其蔽也蕩; 好信不好學, 其蔽也賊; 好直不好學, 其蔽也絞; 好勇不好學, 其蔽也亂; 好剛不好學, 其蔽也狂."

84▶「爲政」15, "子曰: '學而不思則罔, 思而不學則殆.'"

85▶「衞靈公」31, "子曰: '吾嘗終日不食, 終夜不寢, 以思, 無益, 不如學也.'"

## 마음과 꾸밈의 조화

86▶「爲政」13, "子曰: '先行其言而後從之.'"

87▶「里仁」22, "子曰: '古者言之不出, 恥躬之不逮也.'"

88▶「里仁」24, "子曰: '君子欲訥於言而敏於行.'"

89▶「憲問」4, "子曰: '有德者必有言, 有言者不必有德.'"

90▶「憲問」20, "子曰: '其言之不怍, 則爲之也難.'"

91▶「憲問」27, "子曰: '君子恥其言而過其行.'"

92▶「衞靈公」21, "子曰: '君子求諸己, 小人求諸人.'"

93▶「顏淵」4, "子曰: '內省不疚, 夫何憂何懼?'"

94▶「八佾」8, "子夏問曰: '巧笑倩兮, 美目盼兮, 素以爲絢兮. 何謂也?' 子曰: '繪事後素.' 曰: '禮後乎?' 子曰: '起予者商也! 始可與言詩已矣.'"

95▶「雍也」18, "子曰: '質勝文則野, 文勝質則史. 文質彬彬, 然後君子.'"

## 자신을 위한 학문

96▶「憲問」24, "子曰: '古之學者爲己, 今之學者爲人.'"

97▶「憲問」38, "知其不可而爲之者."

98▶ 「衛靈公」9, "子曰: '志士仁人, 無求生以害仁, 有殺身以成仁.'"

99▶ 「衛靈公」29, "子曰: '人能弘道, 非道弘人.'"

100▶ 「子罕」19, "子曰: '譬如爲山, 未成一簣, 止, 吾止也; 譬如平地, 雖覆一簣, 進, 吾往也.'"

## 가르치며 배우기

101▶ 「爲政」11, "子曰: '溫故而知新, 可以爲師矣.'"

102▶ 「述而」2, "默而識之, 學而不厭, 誨人不倦."

103▶ 「子罕」4, "子絶四: 毋意, 毋必, 毋固, 毋我."

104▶ 『孟子』, 「離婁 上」, "人之患, 在好爲人師."

105▶ 「子罕」8, "有鄙夫問於我, 空空如也, 我叩其兩端而竭焉."

106▶ 「憲問」7, "子曰: '愛之, 能勿勞乎? 忠焉, 能勿誨乎?'"

107▶ 「述而」7, "子曰: '自行束脩以上, 吾未嘗無誨焉.'"

108▶ 「述而」8, "子曰: '不憤不啓, 不悱不發, 擧一隅不以三隅反, 則不復也.'"

109▶ 「泰伯」17, "子曰: '學如不及, 猶恐失之.'"

110▶ 「衛靈公」16, "子曰: '不曰: 「如之何如之何」者, 吾末如之何也已矣.'"

111▶ 「先進」4, "子曰: '回也非助我者也, 於吾言無所不說.'"

112▶ 「先進」16.

113▶ 「先進」22, "子路問: '聞斯行諸?' 子曰: '有父兄在, 如之何其聞斯行之?' 冉有問: '聞斯行諸?' 子曰: '聞斯行之.' 公西華曰: '……赤也惑, 敢問.' 子曰: '求也退, 故進之; 由也兼人, 故退之.'"

## 가르치고 배우는 중요 내용

114▶ 「雍也」27, "子曰: '君子博學於文, 約之以禮, 亦可以弗畔矣夫!'"

115▶ 「述而」22, "子曰: '三人行, 必有我師焉. 擇其善者而從之, 其不善者而改之.'"

116 ▶ 「述而」25, "子以四教: 文, 行, 忠, 信."

117 ▶ 「述而」28, "多聞擇其善者而從之, 多見而識之."

118 ▶ 「泰伯」8, "子曰: '興於詩, 立於禮, 成於樂.'"

119 ▶ 「子罕」24, "改之爲貴. ……繹之爲貴."

120 ▶ 「顏淵」1, "非禮勿視, 非禮勿聽, 非禮勿言, 非禮勿動."

121 ▶ 「子路」23, "子曰: '君子和而不同, 小人同而不和.'"

122 ▶ 「子路」26, "子曰: '君子泰而不驕, 小人驕而不泰.'"

123 ▶ 「憲問」12, "見利思義, 見危授命, 久要不忘平生之言, 亦可以爲成人矣."

124 ▶ 「憲問」30, "子曰: '不患人之不己知, 患其不能也.'"

### 민본

125 ▶ 『書經』, 「周書」, "天視自我民視, 天聽自我民聽."

126 ▶ 「顏淵」7, "子貢問政. 子曰: '足食. 足兵. 民信之矣.' 子貢曰: '必不得已而
去, 於斯三者何先?' 曰: '去兵.' 子貢曰: '必不得已而去, 於斯二者何先?'
曰: '去食. 自古皆有死, 民無信不立.'"

127 ▶ 「學而」5, "使民以時."

128 ▶ 「子路」30, "以不教民戰, 是謂棄之.'"

### 덕치

129 ▶ 「爲政」1, "子曰: '爲政以德, 譬如北辰, 居其所而衆星共之.'"

130 ▶ 「衛靈公」5, "子曰: '無爲而治者, 其舜也與? 夫何爲哉, 恭己正南面而已
矣.'"

131 ▶ 「泰伯」1, "子曰: '泰伯, 其可謂至德也已矣! 三以天下讓, 民無得而稱焉.'"

132 ▶ 「顏淵」19, "季康子問政於孔子曰: '如殺無道, 以就有道, 何如?' 孔子對曰:

'子爲政, 焉用殺? 子欲善, 而民善矣. 君子之德風, 小人之德草. 草上之風, 必偃.'"

133 ▶ 「爲政」 3, "子曰: '道之以政, 齊之以刑, 民免而無恥; 道之以德, 齊之以禮, 有恥且格.'"

134 ▶ 「里仁」 13, "子曰: '能以禮讓爲國乎? 何有? 不能以禮讓爲國, 如禮何?'"

135 ▶ 「顏淵」 17, "政者, 正也. 子帥以正, 孰敢不正?"

136 ▶ 「子路」 9, "子適衛, 冉有僕. 子曰: '庶矣哉!' 冉有曰: '旣庶矣. 又何加焉?' 曰: '富之.' 曰: '旣富矣, 又何加焉?' 曰: '敎之.'"

137 ▶ 「公冶長」 26, "老者安之, 朋友信之, 少者懷之."

## 정명

138 ▶ 「顏淵」 11, "君君, 臣臣, 父父, 子子."

139 ▶ 「八佾」 19, "君使臣以禮, 臣事君以忠."

140 ▶ 「憲問」 22, "子路問事君. 子曰: '勿欺也, 而犯之.'"

141 ▶ 「子路」 6, "子曰: '其身正, 不令而行; 其不正, 雖令不從.'"

142 ▶ 「子路」 13, "子曰: '苟正其身矣, 於從政乎何有? 不能正其身, 如正人何?'"

143 ▶ 「子路」 3, "名不正, 則言不順; 言不順, 則事不成; 事不成, 則禮樂不興; 禮樂不興, 則刑罰不中; 刑罰不中, 則民無所措手足. 故君子名之必可言也, 言之必可行也. 君子於其言, 無所苟而已矣."

## 통치 자세와 정치 조치

144 ▶ 「季氏」 1, "丘也聞有國有家者, 不患寡而患不均, 不患貧而患不安. 蓋均無貧, 和無寡, 安無傾. 夫如是, 故遠人不服, 則修文德以來之. 旣來之, 則安之."

145 ▶ 「爲政」 19, "擧直錯諸枉, 則民服; 擧枉錯諸直, 則民不服."

146 ▶「子路」24, "子貢問曰: '鄉人皆好之, 何如?' 子曰: '未可也.' '鄉人皆惡之, 何如?' 子曰: '未可也. 不如鄉人之善者好之, 其不善者惡之.'"

147 ▶「衛靈公」28, "子曰: '衆惡之, 必察焉; 衆好之, 必察焉.'"

148 ▶「泰伯」14, "子曰: '不在其位, 不謀其政.'"

149 ▶「子路」2, "仲弓爲季氏宰, 問政. 子曰: '先有司, 赦小過, 舉賢才.'"

부록

先聖小像

▲ 앞사람은 孔子이고 뒷사람은 顏回이다.(晉, 顧愷之)

◀ 태묘에서 예절을 묻다

제사 고기를 보내 주지 않아
노나라를 떠나다 ▶

◀ 수레를 타고 영공의 뒤를
따르는 것을 부끄러워하다

# 기초상식

여기에서 말하는 '기초상식'은 어찌 보면 결코 기초상식이
아니라 오히려 전문적인 지식일 수도 있는 부분이다. 그런데
왜 제목이 기초상식이냐? 이 책의 내용을 이해하기 위한 기초
상식이기 때문이다. 다시 말해서, '기초상식'은 일반적인 의미
에서 말하는 것이 아니라, 공구의 이야기를 이해하기 위한 기
초라는 의미이다. 그러니 결코 '아! 난 기초적인 상식도 없구
나!' 하며 슬퍼하지 마시라.

## 1. 공구의 생애

우리와 역사적으로 좋지 않은 인연을 맺은 중국의 황제들
은 대부분 자기 나라에서 가장 위대한 황제들 중의 하나로
추앙 받곤 한다. 그런 황제들 중에는 한漢무제武帝가 있다. 그
는 우리 민족 최초의 국가인 고조선을 멸망시키고 한사군漢四
郡을 세운 황제이다. 그런데 우리 민족 말고도 그 황제와 관계
가 좋지 않았던 인물이 있었으니, 그가 바로 한무제에 의해
성기를 잘리는 치욕스런 형벌을 당하고도 이겨내어 동양 최
고의 역사서 『사기史記』를 저술한 사마천司馬遷이다. 『사기』를

읽어보지 않았을 수는 있지만 사마천이란 이름마저 들어 보지 못한 사람은 없을 것이다. 동양 역사가의 모범이 된 사마천은 정확한 사실史實에 근거하여 기사를 작성하기로 유명하다. 조금이라도 의심이 가는 곳은 반드시 지적하여 뒷사람들에게 주의할 것을 당부하였다. 그런 사마천이 공구의 가계家系와 일대기를 기록한 글이 있으니, 그것이 바로 『공자세가孔子世家』이다. '본기本紀'가 황제들의 역사라면 '세가'는 일종의 제후들의 역사이다. 주요 학자들이나 신하들의 일대기는 보통 '아무개 열전列傳'이라 이름 붙인다. 그런데 사실 공구는 결코 제후의 반열에 오른 적이 없다. 오히려, 앞으로 이야기 되겠지만, 여러 제후들을 찾아다니며 자신의 학설을 열심히 설파하던 철학사상가였을 뿐이다. 여기에서 알 수 있듯이, 사마천 당시에 그러니까 기원전 2세기에 이미 공구의 지위가 (정치적인 입장에서가 아니라 학술 문화적 입장에서) 제후와 같은 것으로 확정되었던 것이다.

내가 생각하기에, 문제가 없는 것은 아니지만, 공구의 가계와 그의 일생에 대해 가장 믿을 만한 자료는 바로 위에서 말한 사마천의 『공자세가』이다. 그래서 이제부터 그것에 근거하여 공구의 가계와 일생에 대해 이야기하도록 하겠다.

이구산에서 기도하여
공자를 낳다 ▶

공자는 노나라 창평향昌平鄕 추읍陬邑에서 태어났다. 그의
선조는 송나라 사람으로 공방숙孔防叔이다. 방숙은 백하伯夏를
낳았고 백하는 숙량흘叔梁紇을 낳았다. 숙량흘은 안씨顏氏와
야합野合하여 공자를 낳았는데, 이구尼丘에서 기도를 한 뒤 공
자를 얻게 되었다고 한다. 노나라 양공襄公 22년(B.C.552. 『春秋公
羊傳』과 『穀梁傳』에서는 551년이라 기록됨)에 공자가 태어났다. 그가
태어났을 때 머리 중간이 움푹 패어 있었기 때문에 구丘라고
일렀다. 자字는 중니仲尼이고 성은 공씨孔氏이다.

여기에서 주의해야 할 내용은 두 가지이다. 첫째, 공구의
선조가 송나라 사람이라는 점이다. 송나라는 원래 주周나라가
은殷나라를 토벌하고 나서 그 유민들을 한곳에 모여 살게 한
곳이다. 따라서 공구는 원래 은나라 유민의 후손이다. 이 점

이 중요한 까닭은 은나라 유민 대부분이 당시의 지식인, 즉 '예禮'에 대한 전문가라는 사실에 있다. 둘째, '야합'이라는 표현이다. 오늘날 우리는 이 단어를 '좋지 못한 목적을 위해 서로 어울림' 정도의 뜻으로 사용하고 있다. 그러나 '야합'은 본래 그런 의미가 아니라, 다만 나이 많은 이가 젊은 처자를 아내로 맞이하는 것이 예법에 어긋난다는 뜻일 뿐이다. 보통 상상하듯이 글자 그대로 들판에서 어물어물 그렇게 된 것이 아니다.

공구의 선조에 대해 좀 더 상세히 살펴보자. 주나라 무왕武王은 은을 멸망시키고 은의 미자계微子啓를 송의 제후로 봉했다. 공구의 조상 공보가孔父嘉는 송나라의 종실宗室이었지만, 송나라 시조로부터 이미 5대 이상을 내려왔기 때문에 성을 공씨로 바꾸었다. 그 공보가는 화보독華父督에 의해 무고를 당했고 결국 살해당했다. 그래서 공보가의 자손인 방숙은 화씨의 핍박이 두려워 노나라로 도망했던 것이다.

공구가 태어나고 얼마 되지 않아 아버지 숙량흘이 죽었고, 어머니 안씨도 일찍 세상을 떠났다. 공구는 아버지의 묘소를 찾아내 어머니와 합장했다. 그는 예생禮生의 후예답게 소꿉놀

조두를 차려놓고
제사놀이를 하면서 놀다 ▶

이도 제기祭器를 가지고 했다고 한다.

공구가 17세 되던 해에 이런 일이 있었다. 노나라의 대부 맹희자孟僖子(孟釐子)가 병이 나서 곧 죽을 것 같자 후계자인 의자懿子에게 훈계하며 이렇게 말했다. "공구는 성인(은의 시조 湯王)의 후손인데, 그 조상은 송나라에 있을 때 멸망되었다. 공구의 먼 조상 불보하弗父何는 원래 송나라의 후계자였으나 그 자리를 아우 여공厲公에게 양보했다. 정고보正考父에 이르러 대공戴公, 무공武公, 선공宣公을 섬기며 세 번 명을 받았는데, 매번 명을 받을 때마다 더욱 공손하였다고 한다. 그래서 솥(鼎)에 새겨 놓은 명문銘文에 이르기를 '첫 번째 명에 몸을 숙이고, 두 번째 명에 허리를 굽혀 절하며, 세 번째 명에는 큰 절을 한 뒤 받았다. 길을 걸을 때는 길 한가운데로 걷지 않고 담장 가를 따라다녔다. 그렇지만 아무도 감히 나를 경멸하지

◀ 대부들이 공자에게 배우다

않았다. 나는 이 솥에 풀과 죽을 쑤어 먹으며 청렴하게 살아
왔다'라고 하였다. 그 공손함이 이와 같았다. 내가 듣자하니,
성인의 후손은 비록 통치자가 되지는 못해도 반드시 (才德에)
통달한다고 하였다. 지금 여기 공구는 나이가 어리지만 예를
좋아하니, 그가 바로 통달한 자가 아니겠느냐? 내가 죽거든
너는 반드시 그를 스승으로 모시어라." 희자가 죽자 의자는
노나라 사람 남궁경숙南宮敬叔과 더불어 공구를 찾아가 예를
배웠다. 이런 기사가 사실이라면 공구는 청소년 시기에 이미
일가一家를 이루었다고 말할 수 있을 것이다.

공구는 가난했고 신분이 미천했다. 그러나 장성하여 계씨
밑에서 위리委吏라는 미관말직에 있을 때 그의 저울질은 공평
하였고, 그가 직리職吏의 일을 맡았을 때는 가축이 번성하였
다. 이런 공로로 그는 법무를 관장하는 직책인 사공司호이 되

창고를 관리하는 벼슬을 얻다 ▶

었다. 그 후 얼마 되지 않아 공자는 노나라를 떠났다. 그러나 제齊나라에서 배척되었고 송과 위衛 나라에서 쫓겨났으며, 진陳과 채蔡나라 사이에서 곤궁에 빠지자 다시 노나라로 되돌아와 고대 경전의 정리와 후학 양성에 여력과 여생을 바쳤다.

노魯소공昭公 20년, 공구는 서른이 되었다. 이때 제齊경공景公이 안영晏嬰과 함께 노나라에 갔는데, 경공이 공구를 만나 물었다. "옛날 진秦목공穆公은 나라도 작고 외진 지역에 위치했었지만 패자霸者가 되었는데, 이는 무엇에 근거한 까닭인가?" 이에 공구가 이렇게 대답

▲ 가축을 관리하는 벼슬을 얻다

했다. "진나라는 비록 국토는 좁았지만 그 뜻이 원대했고, 비록 외진 곳에 위치했지만 정정당당한 정치를 베풀었습니다. 목공은 백리해百里奚를 등용하려 감옥에서 석방시키고 대부大夫의 벼슬을 내렸으며, 그와 더불어 3일간 대화를 나눈 뒤 정사를 맡겼습니다. 이런 방식으로 천하를 다스렸다면 황제도 될 수 있었습니다. 패자에 그친 것은 오히려 안타까운 일입니다." 이런 이야기를 들은 경공은 매우 기뻐했다고 한다. 왜냐? 진과 같은 조건에서도 패자가 되었으니, 제나라와 같은 조건에서는 더욱 성장할 수 있을 것으로 확신했기 때문이리라. 그러나 위의 기사에서 보이듯, 관건은 백리해와 같은 인재를 얻는 일이다. 기실, 법가를 제외한 동양의 거의 모든 사상은 '인치人治'를 '법치'보다 중요시했다. 그들이 생각하기에 '법'이라

◀ 목공이 패자가 된
까닭을 논하다

202

는 형식은 언제나 '구멍'이 있기 마련이다. 이 구멍을 막기 위해서는 재능뿐만 아니라 훌륭한 인품을 지닌 인물이 필요하다. 그래서 '법치'보다는 '인치'를 우선시하고 중시했던 것이다. 오늘날은 어떤가? 물론 지나친 인치는 많은 폐단을 낳는다. 그러나 완전히 법치에만 의존하는 사회체제도 결코 훌륭하지는 못하다. 정교한 법체제와 그것을 적절하게 운용할 수 있는 인물까지 갖춰줘야만 비로소 훌륭한 사회가 될 수 있을 것이다.

공구가 서른다섯 살 때, 대부 계급의 계평자季平子가 제후인 노나라 소공에게 죄를 지었다. 그래서 소공이 군대를 이끌고 평자를 공격하자 평자는 같은 대부인 맹씨孟氏, 숙손씨叔孫氏와 연합하여 함께 소공을 공격했다. 소공의 군대는 패했고, 소공은 제나라로 달아났다. 제나라는 소공을 간후乾侯에서 살게 했다. 그 후 얼마 안 되어 노나라가 다시 어지러워졌다. 공구는 제나라로 가서(기원전 517) 고소자高昭子의 가신이 되었는데, 이는 제나라 경공과 연락하려고 한 것이다. 여기에서 보이듯, 공구는 군신 간의 의리를 매우 중시하였다.

이즈음 경공이 공구에게 정치에 대해 물었는데, 공구는 그때 그 유명한 '정명론正名論'을 설파했다. "임금은 임금답게,

신하는 신하답게, 아비는 아비답게, 자식은 자식답게!" 다들
알다시피, 정명론은 간단하게 말하면 위와 같다. 그러나 그것
은 매우 상세한 조건들이 이미 갖춰졌을 때에라야 실현 가능
한 것이다. 다시 말해서 어떻게 해야, 좀 더 구체적으로 어떤
행동은 해야 하고 어떤 행동은 해서는 안 되는지 상세하게
규정되어 있어야 '임금답게, 신하답게, 아비답게, 자식답게'가
가능하다. 물론 공구 당시에 그런 규정들은 이미 준비되어 있
었다. 그러나 그것이 모든 상황을 전부 포괄할 수 있는 정도
는 아니었다. 앞에서 말한 것처럼, 법률체제가 성기게 마련되
어 있었을 뿐이다. 그래서 다시 한 번 '인치'가 강조되기도 하
지만, 아무리 훌륭한 인품을 지닌 인물이라 해도 막연함이 느
껴질 수 있는 부분이 있을 수 있다. 이처럼 '정명론'은 구체적
인 공부가 아니라 정치적 구호에 그쳐 버릴 수도 있다. 그러
므로 상세한 규정의 마련이 '정명론'을 완성하는 선결조건이
될 것이다.

공구의 나이 42세 때, 소공이 간후에서 죽자 뒤를 이어 정
공定公이 즉위하였다. 정공 5년 여름, 계평자가 죽고 환자桓子
가 자리를 이었다. 환자가 총애하는 신하 중에 중량회仲梁懷라
는 사람이 있었는데, 양호陽虎와 사이가 좋지 않았다. 양호는

물러나 『시경』과
『서경』을 편수하다 ▶

중량회를 내쫓으려고 하였으나 공산불뉴公山不狃가 그것을 말
렸다. 그해 가을, 중량회가 더욱 교만해지자 양호는 그를 체
포하였고, 환자가 노하자 그마저 가두었다. 맹약을 맺은 연후
에야 환자를 풀어 준 양호는 이 사건으로 인해 더욱 계씨를
가볍게 여겼다. 계씨 또한 분수를 모르고 공실公室(제후)보다
지나치게 행동하였기 때문에 배신陪臣이 국정을 잡은 꼴이 되
었다. 이처럼 노나라에서는 대부大夫 이하 모두가 정도에서
벗어난 행동을 했다. 그래서 공자는 관직에 나아가지 않고 물
러나 『시詩』, 『서書』, 『예禮』, 『악樂』을 정리하여 편찬했다. 그
래서 제자들은 더욱 늘어났고, 먼 곳에서 찾아와 글을 배우는
이들이 적지 않았다.

정공 8년, 공산불뉴는 계씨에게 뜻을 얻지 못하자 양호에

게 의탁하여 함께 반란을 일으켰다. 삼환三桓의 적장자를 모두 폐하고 평소 양호와 사이가 좋은 서자를 세웠다. 그리고 마침내 계환자를 체포했지만, 환자는 그를 속여 도망쳐 버렸다. 정공 9년, 양호는 계획이 실패하자 제나라로 도망쳤다. 이때 공자는 쉰 살이었다. 공산불뉴는 계씨의 비費 땅에서 계씨에게 반기를 들고, 사람을 시켜 자기를 도와달라고 공구를 불렀다. 공구는 갈등 끝에 결국 가지 않았다.

나중에 정공은 공구를 중도中都의 우두머리(長)로 삼았는데, 1년 만에 사방이 모두 그의 통치방법을 따랐다. 그래서 그는 나중에 사공司空이 되었고, 사공에서 다시 법무장관인 대사구大司寇가 되었다.

정공 10년 봄, 노나라는 제나라와 화친을 맺었다. 그해 여름, 제나라의 대부 여서黎鉏가 경공에게 이렇게 말했다. "노나라가 공구를 중용하였으니, 그 세가 반드시 제나라를 위태롭게 할 것입니다." 이에 노나라에 사자를 보내 친목을 도모하고자 협곡夾谷에서 만나기로 하였다. 노정공은 아무 방비 없이 수레를 타고 그곳에 가려고 했다. 그때 공구는 재상의 일을 임시로 보고 있었다. 그래서 그는 정공에게 이렇게 말했다. "신이 듣건대, 문사文事에는 반드시 무武를 갖추어야 하고,

협곡에서 제나라와
노나라 군주가
회합을 가지다 ▶

무사武事에는 반드시 문文을 갖추어야 한다고 했습니다. 예전에 제후가 국경을 나설 때는 반드시 문무관원을 수행시켰다고 합니다. 좌우사마左右司馬를 대동하고 가십시오." 정공이 "그렇게 하겠소"라고 말하고 좌우사마를 데리고 갔다. 협곡에서 정공과 제경공이 만났다. 제사에 쓸 높은 대臺를 마련하고, 흙 계단을 3단 만든 뒤 정공과 경공은 예에 따라 상견례를 하였다. 서로 읍하고 사양하면서 대 위에 올라 술잔을 주고받는 예가 끝나자, 제나라의 관리가 앞으로 달려 나오며 "사방의 여러 음악을 연주하게 하시옵소서"라고 말했다. 경공이 "좋다"고 말하자 깃발과 창칼, 방패를 든 무리가 북을 치고 시끄럽게 떠들면서 나왔다. 공구가 재빨리 앞으로 나와 한 발에 한 계단씩 빠른 걸음으로 대에 오르더니, 마지막 한 계단을 오르지 않고 긴 소매를 쳐들고 말했다. "두 임금님께서 친목을 위해서 만나셨는데 어찌하여 여기서 오랑캐의 음악을 연주하는가! 물러가게 명하십시오!" 관리가 그들을 물러나게 했지만, 그들이 물러가지 않자 좌우의 수행원들이 안자晏子와 경공의 눈치를 살폈다. 경공은 부끄러워하면서 그들을 물리쳤다. 조금 후, 제나라의 관리가 앞으로 달려 나와 말했다. "궁중의 음악을 연주하게 하시옵소서." 경공이 "그렇게 하라"고 말하자, 광대와 난쟁이가 재주를 부리며 앞으로 나왔다. 공구가 또 재빨리 달려 나가 한 발에 한 계단씩 빠른 걸음으로 대에 오르더니, 마지막 한 계단을 오르지 않고 말했다. "필부로서 제후를 현혹케 하는 자는 마땅히 처형해야 합니다. 모쪼록 처형할 것을 명하십시오." 관리가 그들의 허리를 두 동강을 냈다. 공구의 이와 같은 모습을 보자 경공은 도의나 이론 측면에서 자신들이 상대방에 미치지 못한다는 사실을 깨닫고 두려워하면서도 감탄하였다. 자기 나라로 돌아와서는 크게 두려워하며 군신들에게 이렇게 말했다. "노나라의 신하는 군자의 도道로 그 군주를 보필하는데, 그대들은 오로지 오랑캐의 방식으로 과인을 가르쳐 노나라 임금에게 죄를 짓게 하였으니, 이를 어찌하면 좋단 말이오?" 한 관리가 나와서 말

제나라가 토지를 돌려주며
사과하다 ▶

했다. "군자가 과오를 범하면 실질적인 재물로 사죄하지만, 소인이 잘못을 저지르면 허튼 소리로만 사죄한다고 합니다. 전하께서 그 일로 마음이 편치 않으시다면 실질적인 물건을 내놓고 사과하십시오." 이에 제경공은 곧 노나라로부터 빼앗은 운鄆, 문양汶陽, 구음龜陰의 땅을 반환하는 것으로 노나라에 사죄했다. 이런 고사를 통해 공구가 단지 백면서생이 아니라, 냉혹한 국제정치에서도 정정당당하게 자기 역할을 다하는 훌륭한 외교관이었음을 알 수 있다. 유가에서 말하는 '내성외왕'의 이상은 이렇게 실현되는 것이다.

정공 14년, 공구는 56세의 나이에 대사구로서 재상의 일도 맡게 되었다. 그로부터 3개월이 지나자, 양과 돼지를 파는 사람은 값을 속이지 않았고, 남녀가 길을 갈 때는 따로 걸었으며, 물건이 길에 떨어져 있어도 주워 가는 사람이 없었다. 또

◀ 광 지역 사람들이
포위망을 풀다

한 사방에서 읍에 찾아오는 여행자도 관리에게 허가를 받을
필요가 없었고, 모두 잘 대접을 받아 만족해 하며 돌아갔다.
이처럼 공구는 위정자의 표본을 보여 주었다. 그러자 옆의 제
나라가 두려워하지 않을 수 없었다. 그래서 그들은 미녀 80명
에게 춤을 가르쳐 노나라로 보냈고, 당시의 집권자였던 계환
자季桓子는 그 미녀들과 보물들을 받아들였다. 당연히 정사가
등한시되었고, 마침내 공구는 노나라를 떠나게 되었다.

공구는 먼저 위衛나라로 갔지만 감시 당하는 것을 깨닫고
10개월 만에 진陳나라로 가기 위해 광匡 지방을 지나게 되었
다. 이때 공구를 양호로 오해한 고을 사람들에 의해 위험에
처하기도 했지만, 무사히 위나라로 되돌아갔다. 위나라에 돌
아갔지만, 영공靈公과 그 부인의 거만한 행동에 실망하여 조曹

나라를 향해 떠났고, 조나라로 가는 도중에 송나라를 지나게 되었다.

송나라에서 공구는 제자들과 함께 큰 나무 아래에서 예의를 강습했다. 그때 송의 사마司馬 환퇴桓魋가 그를 죽이려고 나무를 뽑아 쓰러뜨렸다. 그래서 공구는 그곳을 떠날 수밖에 없었다. 제자들은 모두 겁을 먹고 두려워했지만, 그는 "하늘이 내게 덕을 주었는데, 환퇴 따위가 나를 어찌할 것인가!"라며 제자들을 안심시켰다. 공구가 안하무인이었기 때문이 아니라, 그만큼 문화적 자부심이 강했던 것이다.

공구는 송을 떠나 진陳나라에 머물렀다. 공자가 진나라에 머문 3년 동안 진晉과 초楚가 서로의 강대함을 뽐내며 차례로 진나라를 침범했고, 또 오吳나라도 침범했다. 이처럼 진나라

송나라 사람들이 공자가 쉬고
있던 나무를 베어버리다 ▶

는 항상 침공을 당했다. 마침내 공구는 돌아가기로 결심하고 진나라를 떠났다.

그 즈음, 필힐佛肸이란 사람이 중모中牟고을의 장관으로 있었는데, 진晉의 조간자趙簡子가 범씨范氏와 중항씨中行氏를 공격하고 중모를 토벌하였다. 필힐이 이에 반기를 들었다. 그리고 사람을 보내 공구를 초빙했다. 공구가 이에 응하려고 하자 자로는 "선생님께서 예전에 '군자는 스스로 옳지 못한 일을 한 사람에게 가지 않는다'고 말씀하셨습니다. 이제 필힐은 중모에서 반기를 들었는데 선생님께서 가려 하시니 무슨 까닭이십니까?" 그러자 공구는 "내가 그렇게 말한 적이 있지. 그러나 또한 참으로 강한 것은 갈아도 얇아지지 않고, 참으로 하얀 것은 물들여도 검어지지 않는다고도 말하지 않았던가! 내 어찌 쓸모없는 바가지가 되겠느냐? 어찌 매달려 있기만 하고 사람에게 쓰이지 않을 수 있겠는가!"라고 말했다. 제후들의 열국을 주유周遊하면서, 공구는 이렇게나 자신을 등용하여 써줄 주인을 찾아 헤맸다. 이유는 간단하다. 그가 열망하는 유토피아를 건설하기 위해서였던 것이다. 그러나 아무도 그의 그릇을 감당하지 못했다.

공구가 예순이 된 노나라 애공哀公 3년 가을, 집권자 계환

진나라에서
식량이 떨어지다 ▶

자가 병들어 죽었다. 죽기 전에 후계자인 강자康子에게 공구
의 등용을 유언했지만, 강자는 공지어公之魚의 반대를 좇아 공
구의 제자인 염구冉求를 등용했다. 그들도 공구의 그릇을 감
당할 수 없었던 것이다. 그 뒤 공구는 진陳을 떠나 채蔡나라에
서 몇 년간 머물렀다.

　공구가 채나라에 머물 때, 오나라가 진陳나라를 공격하려
했다. 이에 위협을 느낀 초楚나라가 그 길목을 지키며 공구를
초빙하려 했다. 그러자 진과 채의 여러 대부들이 자신들의 지
위를 염려하여 공구 일행을 핍박했다. 핍박을 받은 제자들,
특히 자로와 자공은 불만이 가득하여 공구에게 "군자도 이런
지경에 떨어질 수 있느냐?"고 따져 물었다. 그러자 공구는
"군자는 곤궁해도 절조를 지키지만, 소인은 탈선한다"고 대답

했다. 세상일이 구체적으로 어떻게 진행될지는 아무도 모른다. 도덕적으로 훌륭한 사람이 훨씬 더 많고 깊은 고통을 당하기도 한다. 하지만 그 고통에 대한 태도는 전혀 다를 수 있다. 공구의 태도는 세상일이 뜻대로 펼쳐지지 않을 때 우리가 마땅히 취해야 하는 모습이라고 말할 수 있을 것이다.

때마침 초의 소왕昭王이 군대를 보내 공구 일행을 구원했다. 그들은 다시 위나라로 돌아갔는데, 그때 공구 나이 예순 셋이었다. 2년 후 공구의 제자 염유冉有가 계강자의 명을 받들어 낭郎지방에서 제나라와 싸워 이겼다. 그로부터 3년 후 마침내 강자가 다시 공구를 초빙했다. 노나라를 떠난 지 14년만의 일이었다.

공구가 활동하던 시대에는 주周 왕실이 쇠퇴하여 예악禮樂이 거의 폐지되었고, 『시』와 『서』는 흩어졌다. 이에 공자는 하은주 3대의 예를 추적하여 『서전書傳』의 편차를 정했다. 위로는 요순의 시대부터 아래로는 진나라 목공에 이르기까지 그 사적을 순서에 따라 정리했다. 그래서 『서전』과 『예기』는 공구가 처음으로 편찬하였다고 한다. 또한 공구는 음악을 정리했을 뿐만 아니라, 『시』를 305편으로 정리하고 그것에 곡조를 붙여 노래로 불렀다. 그렇게 해서 '소韶' '무武' '아雅' '송頌'

214

◀ 죽간을 묶은 가죽끈이
세 번이나 끊어지다

이라는 음악이 완성되었다. 공구가 이렇게 예와 악을 정리하여 이때부터 그것들을 다시 서술할 수 있게 되었고, 이로써 왕도가 갖추어지고 육예六藝가 완성되었다. 뿐만 아니라, 만년에는『역易』을 좋아하여「단彖」,「계사繫辭」,「상象」,「설괘說卦」,「문언文言」등을 편찬했다. 한마디로, 고대 중국의 모든 문화는 공구의 손을 거쳐 정리되거나 편찬되었던 것이다.

공구는 "군자는 죽은 후에 이름이 알려지지 않을 것을 걱정한다. 나의 도가 행해지지 않았으니 나는 무엇으로 후세에 이름을 남기겠는가?" 하며 걱정했다. 그래서 그는 노나라 역사의 기록에 근거해서『춘추』를 지었는데, 이는 위로 은공隱公에서 아래로는 애공哀公 14년까지 열두 제후의 시대를 포괄한 역사서이다.『춘추』는 노나라 역사를 중심으로 쓰였지만 주나라를 종주로 했으며 은나라의 제도를 참작했고 또한 하

▲ 공자의 묘

은주 3대의 법률을 계승했다. 그 문장은 간략하고 은미隱微하지만 제시하는 뜻은 매우 강력하다. 그러므로 오와 초의 제후는 왕을 자칭했지만, 『춘추』는 그것을 낮추어 본래의 작위인 자작子爵으로 불렀다. 천토踐土의 회맹會盟은 사실 제후가 주나라의 천자를 부른

것이지만, 『춘추』는 그 사실을 피하여 "천자가 하양河陽으로 수렵을 나갔다"고 기록했다. 이렇게 하여 당시의 법통을 바로잡는 기준으로 삼았다. 제후들에 대한 이와 같은 폄손貶損은 나중에 군주가 될 사람들로 하여금 스스로 반성하여 참람하지 못하게 하는 데 그 뜻이 있었다. 후에 『춘추』의 대의가 행해지면, 세상의 난신적자亂臣賊子들이 두려워하게 될 것이라고 평가된다. 실제로 중국 역대의 거의 모든 정치적 혁신은 전부 『춘추』, 특히 『공양전』을 그 사상 근거로 한다.

공구는 애공 16년(B.C.479) 4월 기축己丑일에 나이 73세로 세상을 떠났다.

| 연도 | 나이 | |
|---|---|---|
| B.C. 551년 | 1 | 노나라 창평향 추읍에서 태어남. |
| B.C. 549년 | 3 | 아버지를 여읨. |
| B.C. 535년 | 17 | 어머니를 여읨. |
| B.C. 533년 | 19 | '견관'(혹설은 兀官)씨의 딸과 결혼함. |
| B.C. 532년 | 20 | 아들 '鯉'(字는 伯魚)를 낳음. |
| B.C. 521년 | 31 | 제경공과 안영이 수렵을 나왔다가 노나라에 들러 공구에게 나라 다스리는 도리를 물음. |
| B.C. 517년 | 35 | 노소공이 계평자를 토벌하려다 오히려 三家의 반격을 받아 제나라로 망명함. 공자도 노소공을 따라 제나라로 건너가 제나라의 대부 高昭子의 가신이 되어 제경공의 도움으로 소공을 복위시키려 함. |
| B.C. 516년 | 36 | 제나라에서 韶를 듣고 삼 개월 동안 고기 맛을 잊고 지냄. 제경공이 공자에게 정치의 도에 대해 물음. |
| B.C. 510년 | 42 | 노소공이 고향으로 돌아가지 못하고 乾侯에서 죽음. 노나라가 소공의 동생 宋을 定公으로 옹립. |
| B.C. 502년 | 50 | 관직에 나아가지 않고 물러나서 『시』, 『서』, 『예』, 『악』을 닦고 연마하여 제자들을 모아 가르치기 시작함. 陽虎가 노나라의 삼환씨를 멸하려고 하자 삼환씨가 힘을 합하여 양호에 대항함. 양호가 싸움에서 지고 陽關으로 달아남. |
| B.C. 501년 | 51 | 노나라 중도의 宰가 됨. |
| B.C. 500년 | 52 | 노정공과 함께 협곡에 따라가 정공을 위협하려는 제경공 |

| | | |
|---|---|---|
| | | 의 부당함을 지적함. 제경공은 뉘우치고 노나라로부터 뺏어 간 鄆, 汶陽, 龜陰의 땅을 돌려줌. |
| B.C. 499년 | 53 | 司空이 됨. |
| B.C. 498년 | 54 | 大司寇가 됨. |
| B.C. 497년 | 55 | 노나라의 大司寇가 되었으나, 노정공이 제나라에서 보낸 여악사에 빠져 삼일 동안 정사를 돌보지 않고 또 제사를 지낸 음식도 대부들에게 하사하지 않자 위나라로 떠남. 이 때부터 13년간 자기의 정치적 이상을 실현하기 위해 천하를 주유함. |
| B.C. 496년 | 56 | 위나라를 떠나 陳나라로 가다가 공자의 일행을 陽虎로 오인한 匡人들에게 포위를 당하는 곤란에 빠짐. 제자 중 한 사람을 위나라 대부에게 보내 그의 가신이 되게 한 다음에야 빠져나갈 수 있었음. 진나라로 가다 마음을 바꿔 위나라로 돌아감. |
| B.C. 495년 | 57 | 노정공이 죽고 세자 將이 새로 섰는데, 이가 魯哀公임. 曹나라에서 잠깐 머물다가, 송나라에 들러 큰 나무 밑에서 제자들에게 예에 대해 강론함. 송나라 대부 환퇴가 공자를 살해하려 큰 나무를 뽑아 버림. 환퇴가 공자를 죽이려 한 까닭은 공자가 강론하면서 자신을 부패한 사람이라고 비난했기 때문임.<br>환퇴의 위협을 피해 미복으로 갈아입고 정鄭나라로 감. 도중에 제자들을 잃어버려 정나라 사람들로부터 상갓집 개라는 말을 들음. |
| B.C. 484년 | 68 | 13년 동안 열국을 주유하다 노나라에 돌아옴.<br>衛 → 匡 → 蒲 → 衛 → 曹 → 宋 → 鄭 → 陳 → 衛 → 魯 → 衛 → 陳 → 蔡 → 葉 → 蔡 → 城父之野 → 楚 → 衛 → 魯 |
| B.C. 483년 | 69 | 『춘추』를 재편찬하여 교재로 삼음. 아들 죽음. |

218

| B.C. 481년 | 71 | 아끼던 제자 안회가 죽음. |
| B.C. 479년 | 73 | 4월 11일 세상을 떠남. |

## 2. 『논어』

『논어』는 공구가 죽은 뒤, 그의 제자들이 선생에게 직접 들은 내용을 기록하여 가지고 있던 것들과 자신들끼리의 담론, 그리고 그 제자들과의 문답까지 망라하여 논찬論纂한 책이다. 여기에서 '논찬'이란 추려 내어 평론한다는 의미이다. 그러므로 『논어』는 한마디로 일종의 대화집이다. 공구와 그 제자들 사이의 대화, 공구와 당시 여러 사람들과의 대화, 그리고 제자들 사이의 대화까지 망라하여 의미를 살피고 부여한 대화집이다. 그리고 '논어'라는 이름은 후대에 붙여진 명칭이 아니라, 제자들 시대 당시에 이미 불렸던 것으로 알려져 있다.

『논어』는 몇몇 단편적 대화의 집합체이다. 그 단편들의 배열에는 일정한 규칙이 없다. 앞뒤 문장도 특별한 관련이 없으며, 장章의 이름도 특별한 의미를 갖지 않는다. 『논어』는 기실 공구가 철학논문을 쓴 것이 아니라, 자신의 철학적 사상에 대해 이렇게 저렇게 이야기한 것을 우리가 체계적으로 정리하고 '철학적'으로 풀이한 것이다. 게다가 『논어』의 내용들은 한 사람의 손으로 기록되지도 않았다. 『논어』의 기사에 따르면 금뢰琴牢가 기록한 글이 있고, 원헌, 증삼의 제자들 그리고 자장 혹은 자하의 제자들도 글을 쓴 것 같다. 따라서 기록된 시간도 최소한 30~50년 정도 차이가 난다. 이렇게 많은 사람들의 손을 거쳐, 또 많은 시간 동안 쓰인 내용이 결국 누구의 손에 의해 편집되었는가? 여기에는 여러 설이 있다. 동한東漢 때 정현鄭玄은 중궁과 자유子游, 자하 등에 의해 편찬되었다고 하고, 당唐의 유종원柳宗元을 비롯한 여러 학자들은 증삼의 제자들이 편찬했다고 주장했다. 현대 중국의 양백준楊伯峻 등과 같은 학자들도 여기에 동의하고 있는데, 나도 증삼의 제자들이 편집했다는 주장에 동의한다.

내용과 형식으로 볼 때 『논어』는 상편과 하편으로 구분된다. 제10장 향당鄕黨은 다른 장과 달리 대화는 한마디도 없고, 오직 공구의 생활상을 묘사하고 있다. 이런 태도는 마치 책을 마무리하는 것처럼 보인다. 이로 미뤄 볼 때, 『논어』는 먼저 모두 10장으로 이루어져 있다가 나중에 10장이 더 보태진 것 같다. 앞의 10장은 문장이 간결한데, 뒤의 10장은 문장이 길고 복잡한 차이도 있다. 특히 마지막 장인 「요왈堯曰」은 산문처럼 길어서, 역대로 위작이 첨부된 것으로 의심하기도 한다.

『논어』의 판본을 간단히 살펴보자. 한漢나라에 전승되던 것은 세 가지가 있었다. 먼저 『노논어魯論語』는 노나라에서 전승된 것으로, 현재 통용되고 있는 판본과 마찬가지로 20장으로 되어 있었다. 『제논어齊論語』는 제나라에서 전승된 것으로, 통행본에 「문왕文王」, 「지도知道」 두 장이 더 있었다. 마지막으로 『고문논어古文論語』는 공구 집안의 벽 속에서 나왔다고 전해지는데, 장절의 순서가 다른 논어와 다르고 제19장인 「자장子張」이 두 편으로 되어 있었다고 한다. 공안국孔安國이 전傳을 짓고, 마융馬融이 그것에 훈설訓說을 붙였다. 이 세 판본을 하나로 통합한 이가 서한西漢의 안창후安昌侯 장우張禹이다. 그는 하후건夏候建에게서 『노논어』를, 용생庸生과 왕길王吉에게서 『제논어』를 전수 받아 『장후론張侯論』이라는 새로운 논어를 편집했는데, 이것이 바로 오늘날 통행하는 『논어』이다. 나중에 동한東漢 때 포함包咸과 주씨周氏가 장구章句를 만들었고, 정현이 주注를 달았다. 조조의 위나라 하안何晏은 여러 주석을 모으고 자신의 견해를 덧붙여 『논어집해論語集解』를 지었고, 남조南朝 양梁나라의 황간皇侃은 이를 다시 상세하게 주해해서 『논어집해의소論語集解義疏』를 지었으며, 북송北宋의 형병刑昺

은 다시 주해서『논어주소論語注疏』를 지었다. 남송의 주희는 이전의 주소를 모두 참조하고 자신의 견해를 피력한『논어집주論語集註』를 편찬했고, 조순손趙順孫은 이를 주해서『논어찬소論語纂疏』를 지었다. 청나라 때 유보남劉寶楠은 청대 학자들의 연구 성과를 모으고 하안의『논어집해』를 풀이해서『논어정의論語正義』를 지었다.

한나라 때 조기趙岐라는 사람은「맹자제사孟子題辭」를 지었는데, 거기에서『논어』를 오경五經(유학에서 가장 중시하는 다섯 경전, 즉『周易』,『詩經』,『書經』,『禮記』,『春秋』)의 관할錧鎋(수레의 연결고리)이요 육예六藝(유학에서 가장 중요하게 여기는 학술, 즉 예절, 음악, 활쏘기, 말 타기, 글쓰기, 수학)의 후금喉衿(목과 목덜미)이라고 평했다. 다시 말해서,『논어』는 유학에서 중시하는 경전과 학술의 핵심이 모두 담겨 있는 최고 문헌이라는 뜻이다. 이런 평가는 오늘날까지도 그대로 이어지고 있다.

▲ 허름한 옷을 입고 송나라를 지나다

▲ 초나라 광인 접여가 노래를 하다

처음 이 책을 쓰기로 계획할 당시, 나는 이 작업이 끝난 후의 후련함을 기대했었다. 그렇지만 이제 편집이 다 되어가는 이 순간에도 후련함은 거의 느끼지 못하겠고, 오히려 약간의 가슴 답답함을 느낀다. 왜일까? 비록 적은 분량이지만, 나는 공자철학의 핵심에 대해 최선의 설명을 다했다고 생각한다. 그런데도 이 가슴의 답답함은 무엇일까?

그것은 아마도 첫째, 내 스스로 고백했듯이 유학의 순진함 혹은 비애를 명확하게 인식하고 있으면서도 그것에 대한 해결책을 마련하지 못하는 내 무력감 때문일 것이다. 물론 박사학위를 받은 이후 연구를 해 보지 않은 것은 아니지만 그다지 성공적이지 못했다. 냉정하게 평가하자면, 나뿐만이 아니라 현재까지 어느 누구에 의해서도 그 해결책이 온전히 제시된 적이 없다. 정말 그 해결책은 없는 것일까? 둘째, 기실 이런 유학 내부의 문제는 20세기에 대만과 홍콩에서 주로 활동하던 소위 '현대신유가'라는 중국철학자들에 의해 이미 '신외왕新外王'으로 파악되고 그 해결이 모색되던 문제였다. 다시 말해서, 그것은 '현대신유가'가 해결해야 했던 문제였고 또한 그들의 임무이기도 했다. 따라서 엄밀하게 말한다면 그것은 나의, 그리고 우리 즉 오늘의 대한민국에서 심각하게 논의될 철학문제가 아니다. 철학이란 자신의 문제, 우리의 문제를 해결하려는 근본적인 작업이지 않겠는가? 물론 위에서 말한 유학의 문제도 우리의 문제일 수 있다. 그러나 그 문제는 '현대신유가'에게 그랬던 것처럼 우리에게 같은 정도의 강도로 절박하지는 않다. 그렇다면 그것은 우리의 문제가 아니다. 지금 우리는 말 그대로 유비쿼터스의 시대, 그리고 무한경쟁의 시대에 살고 있다. 그에 따라 이제 우리의 문제는 스피디한 현실에서뿐만 아니라 가상의 공간에서 벌어지고 있는 여러 정황들까지 온전히 파악하고 판단하며 평가할 수 있는 체계를 갖추는 것이라고 말할 수 있다. 지난 세기의 숙제도 아직 풀지 못했는데, 지금의 숙제는 더욱 무겁기만 하다. 가슴이 답답하다.

　그러나 희망을 버리지는 않는다. 답답하다고 느끼기 때문에, 우리는 분명 그 답답함을 벗어나려 노력할 것이다. 이 책을 읽고 비슷한 답답함을 느끼는 도반道伴이 있다면 더할 나위 없이 기쁠 것이다. 함께 우리의 문제를 해결하려 노력할 수 있을 것이 아닌가? 다음에 다시 독자들과 만나게 될 때에는 더 이상 답답함을 느끼지 않을 수 있었으면 좋겠다.

저자 소개

**안재호**安載晧

중앙대학교 철학과를 졸업하고, 국립대만대학 철학연구소에서
석사학위를, 북경대학 철학과에서 박사학위를 받았다. 현재 중앙
대학교 철학연구소 연구원으로 있다.
논문으로는 「孟子‘踐形’論硏究」(석사), 「王船山歷史哲學硏究」(박사),
「왕부지 심론 연구」(박사 후), 「孟荀 人性論의 체계와 의미」, 「현
대신유가의 노장 이해」, 「도덕정감은 독립적인가?」, 「주희의 心
개념과 心統性情 淺析」, 「사회실천의 준칙과 판단, 그리고 평가」,
「객관(현상)세계에 대한 가치세계의 포섭」, 「불씨잡변에 드러난
정도전의 불교비판 분석」 등이 있으며, 역서로는 『송명성리학』
이 있다.

## 원전총서

**박세당의 노자**(新註道德經) 박세당 지음, 김학목 옮김, 312쪽, 13,000원
**율곡 이이의 노자**(醇言) 이이 지음, 김학목 옮김, 152쪽, 8,000원
**홍석주의 노자**(訂老) 홍석주 지음, 김학목 옮김, 320쪽, 14,000원
**북계자의**(北溪字義) 陳淳 지음, 김충열 감수, 김영민 옮김, 295쪽, 12,000원
**주자가례**(朱子家禮) 朱熹 지음, 임민혁 옮김, 496쪽, 20,000원
**서경잡기**(西京雜記) 劉歆 지음, 葛洪 엮음, 김장환 옮김, 416쪽, 18,000원
**고사전**(高士傳) 皇甫謐 지음, 김장환 옮김, 368쪽, 16,000원
**열선전**(列仙傳) 劉向 지음, 김장환 옮김, 392쪽, 15,000원
**열녀전**(列女傳) 劉向 지음, 이숙인 옮김, 447쪽, 16,000원
**선가귀감**(禪家龜鑑) 청허휴정 지음, 박재양 · 배규범 옮김, 584쪽, 23,000원
**공자성적도**(孔子聖蹟圖) 김기주 · 황지원 · 이기훈 역주, 254쪽, 10,000원
**공자세가 · 중니제자열전**(孔子世家 · 仲尼弟子列傳) 司馬遷 지음, 김기주 · 황지원 · 이기훈 역주, 224쪽, 12,000원
**천지서상지**(天地瑞祥志) 김용천 · 최현화 역주, 384쪽, 20,000원
**도덕지귀**(道德指歸) 徐命膺 지음, 조민환 · 장원목 · 김경수 역주, 544쪽, 27,000원
**참동고**(參同攷) 徐命膺 지음, 이봉호 역주, 384쪽, 23,000원

## 성리총서

**범주로 보는 주자학**(朱子の哲學) 오하마 아키라 지음, 이형성 옮김, 546쪽, 17,000원
**송명성리학**(宋明理學) 陳來 지음, 안재호 옮김, 590쪽, 17,000원
**주희의 철학**(朱熹哲學研究) 陳來 지음, 이종란 외 옮김, 544쪽, 22,000원
**양명 철학**(有無之境─王陽明哲學的精神) 陳來 지음, 전병욱 옮김, 752쪽, 30,000원
**주자와 기 그리고 몸**(朱子と氣と身體) 미우라 구니오 지음, 이승연 옮김, 416쪽, 20,000원
**정명도의 철학**(程明道思想研究) 張德麟 지음, 박상리 · 이경남 · 정성희 옮김, 272쪽, 15,000원
**주희의 자연철학** 김영식 지음, 576쪽, 29,000원
**송명유학사상사**(宋明時代儒學思想の研究) 구스모토 마사쓰구(楠本正繼) 지음, 김병화 · 이혜경 옮김, 602쪽, 30,000원
**북송도학사**(道學の形成) 쓰치다 겐지로(土田健次郎) 지음, 성현창 옮김, 640쪽, 3,2000원
**성리학의 개념들**(理學範疇系統) 蒙培元 지음, 홍원식 · 황지원 · 이기훈 · 이상호 옮김, 880쪽, 45,000원

## 불교(카르마)총서

**파란눈 스님의 한국 선 수행기** Robert E. Buswell Jr. 지음, 김종명 옮김, 576쪽, 10,000원
**학파로 보는 인도 사상** S. C. Chatterjee · D. M. Datta 지음, 김형준 옮김, 424쪽, 13,000원
**불교와 유교 ― 성리학, 유교의 옷을 입은 불교** 아라키 겐고 지음, 심경호 옮김, 526쪽, 18,000원
**유식무경, 유식 불교에서의 인식과 존재** 한자경 지음, 208쪽, 7,000원
**박성배 교수의 불교철학강의: 깨침과 깨달음** 박성배 지음, 윤원철 옮김, 313쪽, 9,800원
**불교 철학의 전개, 인도에서 한국까지** 한자경 지음, 252쪽, 9,000원
**인물로 보는 한국의 불교사상** 한국불교원전연구회 지음, 388쪽, 20,000원
**한국 비구니의 수행과 삶** 전국비구니회 엮음, 400쪽, 18,000원
**은정희 교수의 대승기신론 강의** 은정희 지음, 184쪽, 10,000원
**비구니와 한국 문학** 이향순 지음, 320쪽, 16,000원
**불교철학과 현대윤리의 만남** 한자경 지음, 304쪽, 18,000원
**현대예술 속의 불교** 동국대학교 불교문화연구원 엮음, 296쪽, 18,000원
**유식삼십송과 유식불교** 김명우 지음, 280쪽, 17,000원

## 노장총서

도가를 찾아가는 과학자들 ― 현대신도가의 사상과 세계(當代新道家) 董光璧 지음, 이석명 옮김, 184쪽, 5,800원
유학자들이 보는 노장 철학 조민환 지음, 407쪽, 12,000원
노자에서 데리다까지 ― 도가 철학과 서양 철학의 만남 한국도가철학회 엮음, 440쪽, 15,000원
이강수 교수의 노장철학이해 이강수 지음, 462쪽, 23,000원
不二 사상으로 읽는 노자 ― 서양철학자의 노자 읽기 이찬훈 지음, 304쪽, 12,000원
김항배 교수의 노자철학 이해 김항배 지음, 280쪽, 15,000원

## 강의총서

김충열교수의 유가윤리강의 김충열 지음, 184쪽, 8,000원
김충열교수의 노자강의 김충열 지음, 434쪽, 20,000원
김충열교수의 중용대학강의 김충열 지음, 448쪽, 23,000원

## 퇴계원전총서

고경중마방古鏡重磨方 ― 퇴계 선생의 마음공부 이황 편저, 박상주 역해, 204쪽, 12,000원
활인심방活人心方 ― 퇴계 선생의 마음으로 하는 몸공부 이황 편저, 이윤희 역해, 308쪽, 16,000원
이자수어李子粹語 ― 성호 이익이 가려 뽑은 퇴계학의 정수 퇴계 이황 지음, 성호 이익·순암 안정복 엮음
이광호 옮김, 512쪽, 30,000원

## 한국철학총서

조선 유학의 학파들 한국사상사연구회 편저, 688쪽, 24,000원
실학의 철학 한국사상사연구회 편저, 576쪽, 17,000원
윤사순 교수의 한국유학사상론 윤사순 지음, 528쪽, 15,000원
한국유학사 1 김충열 지음, 372쪽, 15,000원
퇴계의 생애와 학문 이상은 지음, 248쪽, 7,800원
율곡학의 선구와 후예 황의동 지음, 480쪽, 16,000원
圖說로 보는 한국 유학 한국사상사연구회 지음, 400쪽, 14,000원
다카하시 도루의 조선유학사 ― 일제 황국사관의 빛과 그림자 다카하시 도루 지음, 이형성 편역, 416쪽, 15,000원
퇴계 이황, 예 잇고 뒤를 열어 고금을 꿰뚫으셨소 ― 어느 서양철학자의 퇴계연구 30년 신귀현 지음, 328쪽, 12,000원
조선유학의 개념들 한국사상사연구회 지음, 648쪽, 26,000원
성리학자 기대승, 프로이트를 만나다 김용신 지음, 188쪽, 7,000원
유교개혁사상과 이병헌 금장태 지음, 336쪽, 17,000원
남명학파와 영남우도의 사림 박병련 외 지음, 464쪽, 23,000원
쉽게 읽는 퇴계의 성학십도 최제목 지음, 152쪽, 7,000원
홍대용의 실학과 18세기 북학사상 김문용 지음, 288쪽, 12,000원
남명 조식의 학문과 선비정신 김충열 지음, 512쪽, 26,000원
명재 윤증의 학문연원과 가학 충남대학교 유학연구소 편, 320쪽, 17,000원
조선유학의 주역사상 금장태 지음, 320쪽, 16,000원
율곡학과 한국유학 충남대학교 유학연구소 편, 464쪽, 23,000원
한국유학의 악론 금장태 지음, 240쪽, 13,000원
심경부주와 조선유학 홍원식 외 지음, 328쪽, 20,000원
퇴계가 우리에게 이윤희 지음, 368쪽, 18,000원

## 연구총서

논쟁으로 보는 중국철학 중국철학연구회 지음, 352쪽, 8,000원
김충열 교수의 중국철학사 1 ― 중국철학의 원류 김충열 지음, 360쪽, 9,000원
논쟁으로 보는 한국철학 한국철학사상연구회 지음, 326쪽, 10,000원
반논어反論語(論語新探) 趙紀彬 지음, 조남호·신정근 옮김, 768쪽, 25,000원
논쟁으로 보는 불교철학 이효걸·김형준 외 지음, 320쪽, 10,000원

중국철학과 인식의 문제(中國古代哲學問題發展史) 方立天 지음, 이기훈 옮김, 208쪽, 6,000원
문제로 보는 중국철학 — 우주, 본체의 문제(中國古代哲學問題發展史) 方立天 지음, 이기훈·황지원 옮김, 232쪽, 6,800원
중국철학과 인성의 문제(中國古代哲學問題發展史) 方立天 지음, 박경환 옮김, 191쪽, 6,800원
중국철학과 지행의 문제(中國古代哲學問題發展史) 方立天 지음, 김학재 옮김, 208쪽, 7,200원
현대의 위기 동양 철학의 모색 중국철학회 지음, 340쪽, 10,000원
역사 속의 중국철학 중국철학회 지음, 448쪽, 15,000원
일곱 주제로 만나는 동서비교철학(中西哲學比較面面觀) 陳衞平 편저, 고재욱·김철운·유성선 옮김, 320쪽, 11,000원
중국철학의 이단자들 중국철학회 지음, 240쪽, 8,200원
공자의 철학(孔孟荀哲學) 蔡仁厚 지음, 천병돈 옮김, 240쪽, 8,500원
맹자의 철학(孔孟荀哲學) 蔡仁厚 지음, 천병돈 옮김, 224쪽, 8,000원
순자의 철학(孔孟荀哲學) 蔡仁厚 지음, 천병돈 옮김, 272쪽, 10,000원
서양문학에 비친 동양의 사상 한림대학교 인문학연구소 엮음, 360쪽, 12,000원
유학은 어떻게 현실과 만났는가 — 선진 유학과 한대 경학 박원재 지음, 218쪽, 7,500원
유교와 현대의 대화 황의동 지음, 236쪽, 7,500원
동아시아의 사상 오이환 지음, 200쪽, 7,000원
역사 속에 살아있는 중국 사상(中國歷史に生きる思想) 시게자와 도시로 지음, 이혜경 옮김, 272쪽, 10,000원
덕치, 인치, 법치 — 노자, 공자, 한비자의 정치 사상 신동준 지음, 488쪽, 20,000원
육경과 공자 인학 남상호 지음, 312쪽, 15,000원
리의 철학(中國哲學範疇精髓叢書 — 理) 張立文 주편, 안유경 옮김, 524쪽, 25,000원
기의 철학(中國哲學範疇精髓叢書 — 氣) 張立文 주편, 김교빈 외 옮김, 572쪽, 27,000원
동양 천문사상, 하늘의 역사 김일권 지음, 480쪽, 24,000원
동양 천문사상, 인간의 역사 김일권 지음, 544쪽, 27,000원
공부론 임수무 외 지음, 544쪽, 27,000원
유학사상과 생태학 메리 에블린 터커·존 버스롱 엮음, 오정선 옮김, 448쪽, 27,000원

### 역학총서

주역철학사(周易研究史) 廖名春·康學偉·梁韋弦 지음, 심경호 옮김, 944쪽, 30,000원
주역, 유가의 사상인가 도가의 사상인가(易傳與道家思想) 陳鼓應 지음, 최진석·김갑수·이석명 옮김, 366쪽, 10,000원
송재국 교수의 주역 풀이 송재국 지음, 380쪽, 10,000원

### 일본사상총서

일본 신도사(神道史) 무라오카 츠네츠구 지음, 박규태 옮김, 312쪽, 10,000원
도쿠가와 시대의 철학사상(德川思想小史) 미나모토 료엔 지음, 박규태·이용수 옮김, 260쪽, 8,500원
일본인은 왜 종교가 없다고 말하는가(日本人はなぜ 無宗教のか) 아마 도시마로 지음, 정형 옮김, 208쪽, 6,500원
일본사상이야기 40(日本がわかる思想入門) 나가오 다케시 지음, 박규태 옮김, 312쪽, 9,500원
사상으로 보는 일본문화사(日本文化の歷史) 비토 마사히데 지음, 엄석인 옮김, 252쪽, 10,000원
일본도덕사상사(日本道德思想史) 이에나가 사부로 지음, 세키네 히데유키·윤종갑 옮김, 328쪽, 13,000원
천황의 나라 일본 — 일본의 역사와 천황제(天皇制と民衆) 고토 야스시 지음, 이남희 옮김, 312쪽, 13,000원
주자학과 근세일본사회(近世日本社會と宋學) 와타나베 히로시 지음, 박홍규 옮김, 304쪽, 16,000원

### 예술철학총서

중국철학과 예술정신 조민환 지음, 464쪽, 17,000원
풍류정신으로 보는 중국문학사 최병규 지음, 400쪽, 15,000원
율려와 동양사상 김병훈 지음, 272쪽, 15,000원
한국 고대 음악사상 한흥섭 지음, 392쪽, 20,000원

### 동양문화산책

공자와 노자, 그들은 물에서 무엇을 보았는가 사라 알란 지음, 오만종 옮김, 248쪽, 8,000원
주역산책(易學漫步) 朱伯崑 외 지음, 김학권 옮김, 260쪽, 7,800원

공자의 이름으로 죽은 여인들 田汝康 지음, 이재정 옮김, 248쪽, 7,500원
동양을 위하여, 동양을 넘어서 홍원식 외 지음, 264쪽, 8,000원
서원, 한국사상의 숨결을 찾아서 안동대학교 안동문화연구소 지음, 344쪽, 10,000원
녹차문화 홍차문화 츠노야마 사가에 지음, 서은미 옮김, 232쪽, 7,000원
거북의 비밀, 중국인의 우주와 신화 사라 알란 지음, 오만종 옮김, 296쪽, 9,000원
문학과 철학으로 떠나는 중국 문화 기행 양회석 지음, 256쪽, 8,000원
류짜이푸의 얼굴 찌푸리게 하는 25가지 인간유형 류짜이푸(劉再復) 지음, 이기면·문성자 옮김, 320쪽, 10,000원
안동 금계마을 ― 천년불패의 땅 안동대학교 안동문화연구소 지음, 272쪽, 8,500원
안동 풍수 기행, 와혈의 땅과 인물 이완규 지음, 256쪽, 7,500원
안동 풍수 기행, 돌혈의 땅과 인물 이완규 지음, 328쪽, 9,500원
영양 주실마을 안동대학교 안동문화연구소 지음, 332쪽, 9,800원
예천 금당실·맛질 마을 ― 정감록이 꼽은 길지 안동대학교 안동문화연구소 지음, 284쪽, 10,000원
터를 안고 仁을 펴다 ― 퇴계가 굽어보는 하계마을 안동대학교 안동문화연구소 지음, 360쪽, 13,000원
안동 가일 마을 ― 풍산들가에 의연히 서다 안동대학교 안동문화연구소 지음, 344쪽, 13,000원
중국 속에 일떠서는 한민족 ― 한겨레신문 차한필 기자의 중국 동포사회 리포트 차한필 지음, 336쪽, 15,000원
고려시대의 안동 안동시·안동대학교 안동문화연구소 편, 448쪽, 17,000원
신간도견문록 박진관 글·사진, 504쪽, 20,000원
안동 무실 마을 ― 문헌의 향기로 남다 안동대학교 안동문화연구소 지음, 464쪽, 18,000원
문경 산북의 마을들 ― 서중리, 대상리, 대하리, 김룡리 안동대학교 안동문화연구소 지음, 376쪽, 18,000원

민연총서 ― 한국사상
_____

자료와 해설, 한국의 철학사상 고려대 민족문화연구원 한국사상연구소 편, 880쪽, 34,000원
여헌 장현광의 학문 세계, 우주와 인간 고려대 민족문화연구원 한국사상연구소 편, 424쪽, 20,000원
퇴옹 성철의 깨달음과 수행 ― 성철의 선사상과 불교사적 위치 조성택 편, 432쪽, 23,000원
여헌 장현광의 학문 세계 2, 자연과 인간 고려대 민족문화연구원 한국사상연구소 편, 432쪽, 25,000원
여헌 장현광의 학문 세계 3, 태극론의 전개 고려대 민족문화연구원 한국사상연구소 편, 400쪽, 24,000원
역주와 해설 성학십도 고려대 민족문화연구원 한국사상연구소 편, 328쪽, 20,000원

예문동양사상연구원총서
_____

한국의 사상가 10人 ― 원효 예문동양사상연구원/고영섭 편저, 572쪽, 23,000원
한국의 사상가 10人 ― 의천 예문동양사상연구원/이병욱 편저, 464쪽, 20,000원
한국의 사상가 10人 ― 지눌 예문동양사상연구원/이덕진 편저, 644쪽, 26,000원
한국의 사상가 10人 ― 퇴계 이황 예문동양사상연구원/윤사순 편저, 464쪽, 20,000원
한국의 사상가 10人 ― 남명 조식 예문동양사상연구원/오이환 편저, 576쪽, 23,000원
한국의 사상가 10人 ― 율곡 이이 예문동양사상연구원/황의동 편저, 600쪽, 25,000원
한국의 사상가 10人 ― 하곡 정제두 예문동양사상연구원/김교빈 편저, 432쪽, 22,000원
한국의 사상가 10人 ― 다산 정약용 예문동양사상연구원/박홍식 편저, 572쪽, 29,000원
한국의 사상가 10人 ― 혜강 최한기 예문동양사상연구원/김용헌 편저, 520쪽, 26,000원
한국의 사상가 10人 ― 수운 최제우 예문동양사상연구원/오문환 편저, 464쪽, 23,000원

인물사상총서
_____

한주 이진상의 생애와 사상 홍원식 지음, 288쪽, 15,000원